Xamanismo Matricial
As Cartas Sagradas da
Madona Negra &
Divino Espírito Santo

Laroiê!

A meus filhos:
Marcus, herdeiro da minha medicina, e
Cacau, que cura a Mãe-Terra com a sua engenharia.

C.L.

Carminha Levy

Xamanismo Matricial
As Cartas Sagradas da Madona Negra & Divino Espírito Santo

Colaboração: Regina Maria Azevedo
(Jogadas Sagradas)
Arte: Betina Schmid
(Cartas Sagradas e Capa)

OutrasPalavras

Dados Internacionais de Catalogação na Publicação (CIP)
(Maria Cecília Candeias CRB-8/2888)

L668	Xamanismo matricial: as cartas sagradas da Madona Negra & Divino Espírito Santo / Carminha Levy; ilustrações Betina Schmid São Paulo : Outras Palavras, 2002 Bibliografia ISBN 1.Xamanismo I.Levy, Carminha M. II.Título CDU 291.61

© Carminha Levy
Fotocomposição e projeto gráfico: Outras Palavras
Capa e Cartas Sagradas: Betina Schmid

Todos os direitos reservados.
Proibida a reprodução total ou parcial
sem a expressa autorização dos editores.

Série Tradições Mágicas:
- Tradições Mágicas dos Ciganos
- O Caminho dos Vencedores - Nahualismo Empresarial
- Xamanismo Matricial, As Cartas Sagradas da
Madona Negra & Divino Espírito Santo

Pedidos e informações:
Outras Palavras Produções Editoriais e Comércio Ltda.
Rua Santo Egídio, 709, cj. 141
Telefax: (0**11) 6236-4823
CEP 02461-011 São Paulo SP
e-mail: outras-palavras@uol.com.br
www.superlojas.com.br/outras

Índice

Agradecimentos......................................9
Para entender o Xamanismo Matricial....................13
Para você que está abrindo este livro...................17
Prefácio..21
Introdução..25

PARTE I - INTRODUÇÃO AO XAMANISMO MATRICIAL........37

Capítulo 1 - Xamanismo Matricial.......................39
Capítulo 2 - O Xamã, herói da consciência................43
Capítulo 3 - A Grande Mãe e a Grande Deusa..............57
Capítulo 4 - Da Grande Deusa a outras deusas.............63
Capítulo 5 - As Deusas Mães no mundo cristão............71
Capítulo 6 - A Madona Negra..........................79

PARTE II - ELEMENTOS DO JOGO........................85

Capítulo 7 - Animal Xamânico..........................87
Capítulo 8 - Os Animais Sagrados......................91
Capítulo 9 - Os Portais Xamânicos......................95

PARTE III - O JOGO..99

Capítulo 10 - Preparação para o Jogo........................101
    Invocação à Madona Negra............................101
    Invocação ao Espírito Santo..........................102
Capítulo 11 - Dinâmica do Jogo e Jogadas Sagradas....103

PARTE IV - INTERPRETAÇÃO.....................................113

Capítulo 12 - Os Animais Sagrados nos Portais............115
Capítulo 13 - As Cartas Sagradas - Interpretação........131

    Atributos da Madona Negra

    Carta 1 - Criatividade..................................132
    Carta 2 - Intuição/Sabedoria........................134
    Carta 3 - Misericórdia.................................136
    Carta 4 - Tolerância...................................138
    Carta 5 - Liberdade....................................140
    Carta 6 - Concórdia....................................142
    Carta 7 - Alegria..144
    Carta 8 - Justiça..146
    Carta 9 - Perdão..148
    Carta 10 - Compaixão.................................150
    Carta 11 - Beleza.......................................152

Dons do Espírito Santo

Carta 12 - Profecias/Visões do Passado...........154
Carta 13 - Fé..156
Carta 14 - Clarividência...............................158
Carta 15 - Milagres......................................160
Carta 16 - Poliglotismo................................162
Carta 17 - Entusiasmo.................................164
Carta 18 - Exorcismo...................................166
Carta 19 - Cura...168
Carta 20 - Diplomacia..................................170
Carta 21 - Ensinamentos Inspirados..............172
Carta 22 - Clariaudiência..............................174

Bibliografia..176

Agradecimentos

Laroiê!

A Gratidão é uma das mais nobres virtudes. É com o coração cheio de alegria que quero aqui exercê-la, honrando todos aqueles que tornaram possível este livro.

Meus agradecimentos não serão em forma linear, com grandes prioridades, mas sim seguindo as voltas da Espiral da Vida; e vocês, leitores, nela estão incluídos.

Entro nesta espiral dinâmica, que não tem começo nem fim, agradecendo a meus clientes de psicoterapia, aos alunos da Paz-Géia e da Unipaz do Brasil e de Portugal, perante os quais eu sou sempre uma aprendiz. Eles me trazem a memória e sabedoria xamânica, na qual me inspirei para elaborar o Xamanismo Matricial, alicerçando-o com as pesquisas e conceitos teóricos sobre os quais aqui faço uma breve explanação.

A pesquisa teórica começou com um presente de Monika Von Koss, o livro *Las Vírgenes Negras*, de Ean Begg e a indicação da leitura de *Up From Eden*, de Ken Wilber. Eu te honro, Monika, e te agradeço por este começo.

A leitura de *Up From Eden* e de outras obras que faziam parte da bibliografia até então não traduzida, foi conduzida por Suzane Evelyne, a quem honro, reverencio e agradeço; obrigada, Suzane, minha guia na senda do idioma inglês, desde que comecei o caminho da Madona Negra internacionalmente.

Meu encantamento com oráculos levou-me a conhecer Ana Correa, que tornou-se grande amiga, instrutora da arte adivinhatória através do Tarô, estimulando-me a criar e pintar o meu próprio. Obrigada, Aninha, eu te honro e agradeço por mim e por todas as pessoas que você ajuda com a sua Arte.

E na dança da Espiral surge Laura Bacelar, que, com sua inestimável ajuda, aconselhou-me a deixar de lado o "psicologuês" ao qual estava condicionada pela minha carreira de psicóloga e pedagoga por mais de 40 anos. Salve, Laura, eu te horno e te admiro pela clareza dos seus escritos e da sua vida.

Escrever para o leigo de forma clara tornou-se então um grande desafio, acompanhado com entusiasmo pela minha querida editora, Regina Maria Azevedo, que já havia sido sufocada por uma densa pesquisa sobre Xamanismo Matricial que anteriormente eu lhe apresentara, aliás implacavelmente descartada de imediato.

Regina, com seu *feeling* profissional, sabia o que era necessário ser escrito para que a teoria e a prática através do jogo servissem a seu intento — popularizar a força de cura e a criatividade de vida da Madona Negra e do Divino Espírito Santo. Salve, Regina! Não é por coincidência e sim por sincronicidade que uma Rainha edita o primeio livro em português sobre a Madona Negra.

Obrigada, Regina, por ter me convidado a dar vida ao lindo baralho de Betina Schmid, que certamente visitou o Inconsciente Coletivo para pintá-lo, e que me inspirou a ser porta-voz da palavra sagrada. Salve, Betina, que sua Arte leve cura e esperança aos corações famintos.

Mas, sem a minha escriba, a decodificadora dos meus hieróglifos, a quem honro e reverencio, a formatação de todas essas energias não seria possível. Laroiê para você, Tatiana Spalic, que com toda paciência digitou este livro, curtindo e vivendo cada dom, cada atributo — o que muito me incentivou por ver o resultado prático e imediato do mesmo.

E a Espiral da Vida está toda ela permeada pelos agradecimentos às minhas duas famílias, a da Paz-Géia e a de sangue. Portanto, o meu axé de agradecimento agora vai para esta família Paz-Géia, que começou a existir em 1981 e que amorosamente, sem saber aonde iríamos chegar, sempre confiou que teríamos algo especial a oferecer à Mãe-Terra; e seguiram comigo o propósito de sonhar o Sonho da Paz na Terra, referendado pelo mantra *Piece of Peace*, recebido por mim quando contemplava o Oceano Pacífico em Esalen

E à minha família de sangue, meus seis filhos, genros, noras e netos, meus agradecimentos pelo seu amor e aceitação incondicional a uma mãe que foge aos padrões estabelecidos e que vive seu próprio Mito de Visionária, muitas vezes não entendido por eles. Esta atitude amorosa de respeito às diferenças atesta que a Ética Matricial não é uma utopia e sim algo possível, pois pude comprová-la através deles.

E o mais caloroso agradecimento vai para meu querido marido, Ian Levy, que é o grande artífice da minha Força, pois fielmente me cuida e me protege, zelando por mim em todas as situações, desde às de ordem prática até às que implicam uma magia que foge ao seu controle. Ele é, numa metáfora de um mito moderno, a parte masculina da heroína que sai em busca do tesouro guardado por um dragão. Este dragão é dominado por nossa parceria e a heroína liberta o tesouro e o distribui ao mundo como sua missão de Alma. Axé na Luz!

Carminha Levy

Para Entender o Xamanismo Matricial...

Minha História com Carminha Levy se inicia há cerca de 12 anos, através de seu gentil convite para que eu participasse de uma de suas incríveis jornadas xamânicas.

Apaixonada pelos mistérios do inconsciente, entreguei-me, através das batidas ritmadas de seu mágico tambor, a essas viagens imaginárias e seus conteúdos reveladores. Conheci meus animais sagrados e, pouco tempo depois, a doce Mãe Madona Negra, objeto de estudo e devoção de Carminha.

Sua vasta pesquisa resultou num material rico, interessante, de elevado cunho acadêmico. Ao examinarmos os originais que a autora conosco compartilhava, propusemo-nos a editá-los de forma mais enxuta; nosso intuito era popularizar o Xamanismo Matricial, apresentado através da união de feminino e masculino por meio das figuras da Madona Negra e do Divino Espírito Santo.

Conversa vai, conversa vem, surgiu a idéia de ilustrarmos o trabalho com as belas cartas desenhadas pela artista plástica Betina Schmid, que nos haviam sido apresentadas anteriormente.

Dessa união, somada à nossa modesta contribuição em elaborar algumas jogadas simplificadas para a utilização das cartas sagradas, resultou este trabalho que você, leitor, tem agora em mãos.

Há várias maneiras de ler este livro. Você pode, se preferir, começar pelo final, indo direto às Partes 3 e 4 para melhor entender e interpretar o jogo. Conhecendo a dinâmica, talvez queira passar à Parte 2, onde lhe serão revelados os significados dos elementos do jogo. Sua curiosidade, então, o conduzirá automaticamente à Parte 1 e ao histórico do Xamanismo Matricial.

É claro que pode seguir também o caminho convencional: Parte 1 (histórico), Parte 2 (elementos), Parte 3 (o jogo em si) e, por fim, Parte 4 (interpretação). Como naquele velho axioma matemático, *"a ordem dos fatores não altera o produto"*...

Para facilitar sua escolha, cada uma das partes apresenta, em sua introdução, um breve resumo explicativo de seu conteúdo.

Nosso objetivo primeiro é que você desfrute destes conhecimentos reunidos por Carminha Levy ao longo de muitos anos. E que possa utilizá-los com sabedoria, de maneira a tornar sua vida mais agradável e prazerosa ao desenvolver os atributos da Madona Negra e os dons do Divino Espírito Santo em sua vida cotidiana.

Parafraseando Carminha, leonina ascendente Leão, que nasceu para brilhar, "Axé⁽*⁾ na Luz!!".

Amorosamente,

> Regina Maria Azevedo
> editora

⁽*⁾ Axé: alicerce mágico da casa onde se realizam cultos do camdomblé. No sentido metafórico significa força, sustentação.

Para você que está abrindo este livro...

Carminha Levy é esta "grande" leoa, manifestação encarnada deste carinhoso Axé para todos nós, sacerdotisa nata, uma *lady*, senhora xamã; abençoados somos os que junto com ela damos alguns passos no caminho para a manifestação do Sagrado nesta vida.

Através do culto à Grande Deusa, Madona Negra, Grande Mãe das Origens e ao Divino Espírito Santo, seguimos nesta busca rumo ao equilíbrio, entre os que são chamados de opostos, dia e noite, sombra e luz, tonal e nagual, ying e yang, sonho e espreita, para que o Pai-Céu e a Mãe-Terra possam namorar em nossos corações.

Quando recebi o convite de Carminha Levy para escrever esta apresentação, estava às margens da estrada Salvador-Brasília, bem no centro geodésico da Bahia, nestas terras tão antigas que formam a Chapada Diamantina; exatamente nas mesmas coordenadas em que estava quando cheguei aqui em 1980.

Com muita alegria e honra, enquanto a ouvia sua voz no meu telefone celular, batia forte em meu peito meu tambor; nesse momento, uma pedra me convidou a nela me sentar e então percebi que era um enorme cristal de quartzo rosa! Imediatamente vieram as recordações da busca, da caminhada, dos momentos de encontro, pioneiros que somos juntos nesta jornada de cura e resgate da memória essencial através das iniciações de diferentes tipos.

Por isso, afirmo que cabe a Carminha o mérito e o louvor de nos trazer esta dádiva, este presente : *Xamanismo Matricial – As Cartas Sagradas da Madona Negra e do Divino Espírito Santo.*

Suas palavras, ensinamentos e guiança surgem através de uma brisa suave e fresca como o pousar de uma Borboleta em uma flor; como uma paisagem de Tatanka — o búfalo — galopando pelas planícies a "dança do Sol", sabendo onde e como colocar suas patas no mundo; num ritmo-movimento de entrega profunda como as águas das marés, onde viajam no tempo nossos irmãos Golfinhos; com o tom negro-azul das sombras das profundidades das cavernas onde sonha o Urso e na força da liberdade do vôo da Águia, assim como na beleza dos rastros do guerreiro sem armas. É como ouvir o raio e ver o trovão...

E você, pequenino irmão ou irmã, quando consultar estas Cartas Sagradas, lembre-se: com a união de sua energia pessoal e a proveniente das respostas universais, simbólicas, atemporais e transculturais do Oráculo, se apresenta uma energia emergente, dotada de emoções, sentimentos, idéias, atitudes e ações muito maior do que a soma das partes. Essa energia deve ser utilizada como um farol seguro na escuridão de uma viagem pelas noites no mar da vida, como uma bússola para os caminhantes das montanhas, vales, planícies e desertos, mostrando o rumo através das imagens e símbolos, para que eles se abram como portais para a realização do seu sonho sagrado.

"Quem sou eu? De onde venho? O que estou fazendo aqui? Para onde vou? O que fazer neste momento? Qual o próximo passo? Como agir nesta indefinição? Vou? Não vou? Aceito?"

Os fluxos naturais de energia vital ficam estagnados pelas indecisões, dúvidas, medos, vergonhas, pecados e culpas, que são como ácidos que corroem a alma, pois são criados e baseados em padrões energéticos disfarçados de amigos, idéias, crenças e filosofias, a que nos apegamos para nosso aprendizado nesta escola da vida.

Apoiados e garantidos pelas três Leis Sagradas Universais podemos então reavivar o Fogo Sagrado do Espírito Santo em nossos corações, para nos aquecer nos momentos de aflição e angústia. E fluir com a grande maré verde do Coração do Espírito das Plantas, invocando a Mãe-Terra, dançando a dança do Coração do Espírito dos Animais, evocando o Pai-Terra. E cultivar sempre o real bom humor, com a impecabilidade do guerreiro, isto é, nunca levando a vida tão a sério a ponto de ficar ofendido pelos acontecimentos, transformações e mudanças da Grande Roda da Vida.

É fácil, basta seguir as três Leis Sagradas Universais. São elas:

1) Tudo vem através do feminino.

2) Nada deve ser feito para machucar uma criança.

3) Máxima eficiência, mínimo esforço e maior prazer em tudo que fazemos.

E num salto quântico dourado/verde-rosa/azul, num profundo mergulho umbilical, seremos acolhidos e "ninados" no colo (do útero) da Grande Deusa!

Omitakoyasin (Para todas as minhas relações),

Zezito Duarte, xamã,
fundador do Instituto Riachinho (BA)

Prefácio

O Terceiro Milênio iniciou-se sob os auspícios de um novo paradigma espiritual: o ressurgimento do Sagrado Feminino. O século que passou foi o solo fértil no qual foram lançadas as sementes que gerariam a ampliação e a expansão da consciência, possibilitando que antigas teorias e dogmas obsoletos viessem a ser efetivamente superados.

Novas descobertas arqueológicas, lançamento de inúmeras obras literárias, filosóficas e artísticas sobre o tema, nascimento de movimentos ecológicos e feministas, reaparecimento de esquecidas tradições espirituais e práticas curativas, bem como proliferação de rituais e cerimônias baseados em valores geocêntricos: a humanidade despertou de seu sono milenar e realinhou-se aos poderes de sua eterna Mãe — Divina, Celeste e Telúrica.

A Grande Mãe, reverenciada e cultuada desde o nascimento da humanidade, reapareceu em nossos sonhos sedenta de amor, compaixão, tolerância, liberdade, justiça, alegria, perdão e paz. Mas, além de Mãe criadora da Vida, ela também é a Senhora escura da Morte, demandando nossa atenção e a mudança de algumas de nossas atitudes e valores. Seus sinais não podem mais ser ignorados: para garantir nosso futuro, bem como o de nossos descendentes, devemos buscar nossa transformação individual para alcançar uma renovação global, e nos tornarmos, assim, dignos de suas bênçãos.

A Madona Negra é a representação metafórica de nossos arquivos passados, dos tempos imemoriais em que o corpo da Mãe-Terra e o de cada mulher eram sagrados, quando todos os seres de sua criação eram respeitados por sua irmandade e sua interligação em uma grande teia cósmica. Arquétipo dos poderes ctônicos, símbolo poderoso dos atributos da Negra Mãe do Tempo, a Madona é o elo remanescente entre o legado das tradições matrifocais e o significado oculto do feminismo no cristianismo.

Ao mergulhar nos mistérios arcaicos, no real e verdadeiro processo xamânico de morte e renascimento espiritual, Carminha Levy sincretiza, através deste oráculo inédito, conceitos das antigas tradições e das modernas interpretações psicológicas e transcendentais.

Unindo de forma simbólica e alquímica idéias pagãs e cristãs, profanas e sagradas, Carminha nos oferece um auxílio eficaz para que sejam encontradas as respostas aos questionamentos de nossa alma, bem como às necessidades de nosso cotidiano.

Pioneira na divulgação do xamanismo matrifocal e da tradição da Madona Negra no Brasil, interpreta de forma inovadora o casamento sagrado das polaridades: não são mais o Pai-Céu e a Mãe-Terra os princípios criadores e nutridores da vida, como denominados pelos xamãs, mas a Madona Negra e o Divino Espírito Santo.

A linguagem simbólica de Carminha Levy traz compreensão a estes conceitos transcendentais; neste contexto substituiu-se a imagem da Mãe, na Santíssima Trindade, pela imagem do Espírito Santo. Reforçando esses critérios, convém lembrar que a padroeira de nosso país é uma Madona Negra, Nossa Senhora Aparecida.

Ao utilizarmos o oráculo, seremos desafiados a aprofundar nosso autoconhecimento, a reintegrar os pólos opostos e ir além da dicotomia da dualidade para encontrar orientações sutis para nossa transformação e cura.

Transpostos os Portais e trilhados os caminhos que nos trazem de volta às raízes de nossa ancestralidade, estaremos prontos para assimilar e integrar os atributos e dons oferecidos pela Mãe Criadora, tornando-nos xamãs urbanos, curadores e guardiães encarregados de preservar, proteger e pacificar nossa amada Terra Mãe.

Mirella Faur,
pesquisadora e escritora

Introdução

Este *opus* começa com um sonho. Um Grande Sonho que o xamã da tribo deve contar a seu Povo.

Em 1981, após minha iniciação xamânica com Michael Hanner, em Esalen, Califórnia, passei por um sério problema de saúde ao chegar ao Brasil. Sofri um acidente vascular cerebral, um aneurisma e enfrentei a morte e o desmembramento, numa real concretização da iniciação xamânica. Minha vida esteve por um fio; quando entrei na cirurgia, tinha apenas 1% de possibilidade de sair ilesa e 10% de chance de sobreviver.

Nessas terríveis circunstâncias, eu tive "o Sonho". Como num filme, eis que me vejo em Roma, em plena Praça do Vaticano. Meu marido e eu estávamos acomodados numa carruagem negra, puxada por corcéis igualmente negros, numa alusão ao *coche da morte*. Subitamente, vislumbro, no centro da praça, quatro leões, que a cruzavam livremente; um deles é totalmente negro e esplendoroso. Fico surpresa e estarrecida, mas meu marido afirma não haver perigo; é necessário somente que todos se respeitem, humanos e animais, pois assim estes jamais nos atacarão.

No sonho, estávamos indo para uma missa que minha prima Maria Lúcia mandara celebrar em Ação de Graças pelo restabelecimento de seu filho. A missa é celebrada pelo Papa num anfiteatro redondo rebaixado, localizado no centro da Praça do Vaticano, compondo uma grande mandala. Há muita gente rezando na parte superior.

Ao começar a missa, da qual não constam nenhum dos elementos sagrados usuais, apenas o chão de areia branca, o Papa assume as feições de José de Anchieta — beato brasileiro, que foi padre e poeta na época da colonização. A missa passa a ser um poema escrito na areia.

Cada palavra escrita pelo jesuíta vai se transformando num botão de rosa sulferino. Quando ele termina, a missa-poema assume a forma de um leque e, com o toque mágico de sua varinha, Anchieta abre todas as rosas. O público presente está simplesmente maravilhado e ouve-se um "Oh!!" de surpresa e incredulidade. Tomada pelo mesmo sentimento, digo a meu marido "Essa minha prima... sempre tão espetaculosa..."

Como o meu profético sonho previra, escapei milagrosamente dessa longa e delicada cirurgia sem seqüelas, voltando, pouco a pouco, a ter o mais completo controle do meu corpo e do meu psiquismo, além de experimentar um profundo contato com minha alma. Mas, até que este autodomínio fosse reconquistado, tive que recomeçar minha vida como um recém-nascido, o que demandou muito sofrimento, esforços e a atuação marcante e sempre presente de uma grande força do Amor.

Durante esse período, eu me sentia como um recém-nascido, não havia limites entre meu corpo e o meio ambiente. Eu fazia parte de tudo, de objetos às pessoas que me cercavam; sons, cores, luzes e até o Universo faziam parte de mim. Sentimentos variados de amor, compaixão, piedade, esperança e fé provenientes das pessoas que me visitavam, eram sentidos dentro de mim, como se fossem meus.

Através dessa experiência, pude constatar a força da solidariedade dos meus queridos amigos paulistas, eu, que nascera em Recife e não tinha familiares próximos aqui, a não ser minha prima Maria Lúcia, sempre presente.

A recuperação era muito trabalhosa, por isso todos me ajudavam: colegas se revezavam e deixavam de trabalhar para cuidar dos meus seis filhos, fazer comida, ir ao supermercado, limpar a casa. Uma grande amiga, a Théo, que é massagista, vinha diariamente fazer cinco minutos de toques sutis, que era só o que meu corpo de bebê agüentava.

As mobilizações de fé religiosas eram constantes: dos seguidores da religião dos orixás recebi rituais, dos católicos missas, dos evangélicos cultos, dos espíritas e espiritualistas correntes energéticas, e até dos meus amigos ateus força de pensamento positivo!

Mas, a maior energia de cura que atuou permanentemente foi o profundo Amor que vibrava de meus filhos e meu marido, que se revezavam dia e noite cuidando do meu corpo criança. Tive a graça de ver e sentir a força de cura do Amor que tira dores, conforta, alimenta e dá a energia para despertar nosso curador interno. Esse Amor também se manifestava através das pessoas mais inusitadas: o dono da padaria, o carteiro, os feirantes e até aqueles com quem eu só havia partilhado um sorriso alegre e amoroso.

Gradativamente fui voltando à vida. Cega de um olho, que absorveu o derrame ocasionado pelo rompimento do aneurisma, com a voz danificada pelos tubos aos quais fiquei conectada enquanto estive na U.T.I., com terríveis dores nos quadris e pernas, fraquíssima fisicamente, vivi três meses de profunda depressão-reclusão para restauração do meu corpo e do meu psiquismo. A luz e o som me agrediam profundamente e necessitei permanecer em um quarto escuro por um mês, usando uma venda negra nos olhos.

Durante esse período, uma profunda garra de viver, fortalecida pelo amor dos que me cercavam, fazia com que eu me alimentasse de duas em duas horas, ritual este assumido por meu marido, que incansavelmente velava por mim dia e noite.

Tal qual o xamã mítico, eu vivi todo este sofrimento como uma iniciação de morte e renascimento. Exatamente como o xamã mítico fui levada para a caverna da iniciação que para mim, xamã urbana, foi representada pelo centro cirúrgico.

Em todas as tradições xamânicas o mito da iniciação se repete. Nesta caverna iniciática, o xamã mítico tem sua cabeça cortada, seus olhos arrancados e lavados para que aprenda a ver o mundo com os olhos do curador ferido. Sob muitas dores, seu corpo é desmembrado e suas partes são jogadas nas quatro direções sagradas para que os "demônios" da doença possam comê-lo. Isto vai outorgar-lhe o dom de conhecer "na própria pele" todas as doenças da humanidade.

Após esse desmembramento, o xamã mítico começa a ser remontado. Das quatro direções sagradas surgem os aliados que preparam seu novo corpo de curador ferido. Agora ele conhece com o coração, compaixão e misericórdia todas as doenças que penalizam o ser humano, sejam físicas, psíquicas ou causadas por energias intrusas.

A esse tão poderoso ser que agora renasce, deverá ser dado um sinal de sua precariedade humana, de suas limitações, a fim de que ele não se equivoque confundindo-se com o Poder, mas que mantenha a clareza de que o Poder não é dele, reconhecendo seu papel intermediário de mero mobilizador das forças arquetípicas de cura. Segue-se um período de reclusão, durante o qual o xamã se isola do mundo. Ele também é marcado para sempre por um sinal para que nunca se esqueça disso.

Esse sinal, tal qual o calcanhar de Aquiles vem, metaforicamente, na forma de um ossinho a menos, que ficará faltando para sempre na sua estrutura física ou psíquica. Embora algumas correntes antropológicas não aceitem essa metáfora — elas afirmam que, se o ossinho faltar, o xamã morre —, eu a adoto.

Como vimos, minha operação e recuperação posterior apresentaram várias analogias com a iniciação mítica: perda da visão (recuperada após três meses), dores do desmembramento, aliados médicos que ajudaram a "remontar" meu corpo e o "ossinho" que ficou faltando; tudo isso confere real dimensão ao meu poder xamânico.

Como uma grande bênção, reconheço meu ossinho, com humildade e poder. Ele consiste em admitir minhas fraquezas, limitações e medos de não ter forças para cumprir minha missão de alma, que já se pronunciava naquela intensa e dolorosa iniciação. O reconhecimento da minha fraqueza traz, dialeticamente, minha força. Isso me leva a ser cada vez mais humana e inspiradora para todos aqueles que me cercam e a quem ajudo a ver o mundo com os olhos lavados do Curador Ferido.

No meu período de reclusão-renascimento, uma imagem não me saía da mente: o esplendoroso, forte e intenso Leão Negro nunca visto antes. Iniciei, dentro das minhas limitações do momento, uma busca: quem é esse Leão Negro? Recorri a meus amigos junguianos, detentores do conhecimento de muitos símbolos, mas ninguém sabia nada sobre ele.

Ainda sem poder ler, por causa da cegueira e da fraqueza que sentia com qualquer esforço extra, fiz uma pesquisa verbal buscando na sabedoria popular alguma pista. A resposta, como tudo o que provém da Madona Negra, veio de uma forma simples e corriqueira.

Encontrei o significado de meu Leão Negro numa revista Planeta[1]. Através da reportagem de capa, referente à Madona Negra, descobri que animais que não existem na cor negra, podem assim estar representados, por fazerem parte do séquito Daquela que detém o Negro da Luz.

---

[1] Revista Planeta, nº 90, março/80, ed. Três

Desde então, inspirada pelo meu Leão Negro, entrei em contato com a profunda força da Madona Negra, Senhora da Vida e da Morte, e a de seu parceiro inseparável, o Espírito Santo. Desde as mais arcaicas esculturas ou baixos-relevos da pré-história a Mãe-Terra — ou Grande Deusa — é comumente representada rodeada de animais, ostentando em sua cabeça a Pomba, símbolo máximo do Espírito Santo.

O Leão Negro, mensageiro que trouxe, através do Sonho Profético, a certeza de minha cura, nunca mais saiu da minha mente e do meu coração. Até hoje ele vem a mim trazendo ensinamentos através de sonhos, experiências místicas de profunda mudança interna, aprendizados que surgem nos meus grupos xamânicos, e fundamentalmente, por meio da minha própria experiência de cura milagrosa. Ensina-me, tal qual um guia, a percorrer os caminhos da Madona Negra e do Espírito Santo, e a assumir meu papel de estar disponível para o Serviço de Cura da Mãe-Terra.

Tornei-me sacerdotisa da Mãe-Terra e passei a difundir o seu Poder como minha missão de alma. Nessa intenção clara, através das viagens xamânicas, mergulhei cada vez mais em suas entranhas em busca de sua essência e do Fogo Criador do seu companheiro, o Espírito Santo; enquanto este traz a inspiração, a Madona Negra traz a materialização da obra, do opus. E as viagens concretas que fiz aos lugares sagrados da Madona Negra sempre me ofereceram iluminadas experiências.

A mais importante de todas, vivi aqui mesmo no Brasil, no Santuário de Aparecida. Defronte da pequenina e poderosa imagem de Nossa Senhora de Aparecida, oferecendo meu coração a seu serviço, um chacra, até então desconhecido para mim, abriu-se na base do meu crânio, na nuca, como se fosse um leque voltado para cima, ou como se fossem as guelras das najas. Imediatamente fui inundada por conhecimentos perdidos e desconhecidos da época do matriarcado.

Tomada pela força do Sagrado tive a certeza de que, apesar do meu "ossinho", teria condições de realizar minha missão de alma: ou seja, através do xamanismo, ampliar as consciências e curar a Mãe-Terra.

Ancorada pelas viagens internas e externas e por toda a literatura disponível sobre a Grande Deusa e a Madona Negra, pude começar a levantar o véu deste grande mistério: quem é a Madona Negra? Hoje sei que Ela é o Insondável, é todas as Grandes Deusas, as Grandes Mães; mas é também mais do que isso em Poder e Verdade, pois juntamente com o Espírito Santo detém o domínio de harmonizar e integrar os opostos: vida e morte, sagrado e profano, etc. É uma força que transforma o Sol em Lua, a Lua em Sol.

Ela é a Mãe-Terra — é a matéria que dá nascimento à Obra; o Espírito Santo, seu parceiro, é o Fogo Criador que inspira a Obra. Conceito dialético do equilíbrio dos opostos, um cria e o outro materializa, e como tal, representam o Princípio que rege tanto a Mudança como a Estabilidade. A Madona Negra e o Espírito Santo são um "vir a ser" dinâmico e eterno, não existindo, para eles, o tempo. Envoltos em luz e energia, se manifestam permanentemente como Inspiração-Materialização numa Sagrada Alquimia.

Só um coração confiante e o reconhecimento da precariedade humana, que irmana a todos nós, abrirá caminho no Labirinto que nos leva ao Centro, e que nos permite comungar esta Verdade. Com este Poder atuaremos no mundo, curando antes a nós mesmos para que possamos curar a Mãe-Natureza, a nossa Terra que nos dá vida e abrigo e que, de tão agredida e desrespeitada, hoje se revolta procurando em suas próprias entranhas o equilíbrio perdido.

Desvendar o Poder da Madona Negra, seus atributos, e os dons do Espírito Santo, a fim de curar-nos e curar a Mãe-Terra, é o propósito deste livro e das Cartas Sagradas que o acompanham. O livro informa sobre os primórdios da Aurora da Consciência, a origem do culto à Madona Negra e faz uma associação inédita da Grande Mãe com o Xamanismo, que remonta 200.000 anos antes dos tempos conhecidos, pesquisa esta que norteia meu trabalho.

As Cartas Sagradas, como todo jogo adivinhatório, oferecem ao leitor a solução personalizada do seu problema, da questão por ele proposta.

Servindo como uma forma fascinante e lúdica de auto-ajuda, as Cartas Sagradas da Madona Negra e do Divino Espírito Santo expandirão, para todos os que as consultem, a Alquimia e Cura pessoal e arquetípica que se encontram nas profundas camadas reestruturadoras do Inconsciente Coletivo.

Carminha Levy

PARTE 1
Introdução ao Xamanismo Matricial

Esta parte introdutória apresenta respostas às dúvidas mais comuns acerca do Xamanismo. O Capítulo 1, apresenta a definição e o histórico do Xamanismo Matricial. No Capítulo 2, você vai conhecer o Xamã, sua origem e os poderes a ele atribuídos.

O terceiro Capítulo mostra a diferença entre os conceitos de Grande Mãe e Grande Deusa, trazendo também a abordagem do Divino Espírito Santo para efeito deste trabalho. E o propósito da união dos Atributos da Madona Negra aos Dons do Espírito Santo, através das Cartas e das Jogadas Sagradas.

O Capítulo 4 apresenta várias faces da Grande Deusa na visão da mitologia mundial e o Capítulo 5 traz a evolução dessa figura pagã até sua incorporação no Mundo Cristão. No Capítulo 6 você encontrará um resumo que melhor define a Madona Negra, tornando compreensível o sincretismo de diversas crenças e religiões em torno de sua imagem.

Capítulo 1
Xamanismo Matricial

O Xamanismo Matricial é uma vertente do Xamanismo tradicional, filosofia que provém dos primórdios da Natureza. Durante o período do Matriarcado, cerca de 200.000 anos antes dos tempos conhecidos, a Mãe-Terra era honrada como a grande doadora e reinava absoluta através do poder feminino.

Em contato com esta energia primitiva e densa, como será visto ao longo deste livro, fui desenvolvendo uma teoria, baseada em pesquisas de vários estudiosos, que busca revelar a força e o poder deste período, para trazê-lo à tona, praticando-o nos dias atuais. Nosso intuito é promover uma Grande Aliança com o Patriarcado, em busca de harmonização dos opostos.

Historicamente, o Matriarcado trazia em sua estrutura um estado de quase inconsciência prazerosa, por meio da qual a evolução humana era bloqueada pela falta de interditos tais como noção de tempo, limites pessoais e coletivos.

Assim como uma criança necessita das normas que vêm do meio que a cerca e que são configuradas pelo pai (patriarca), sem as quais ela não vencerá o desafio da socialização, a Humanidade necessitou do Patriarcado para sair do seio inconsciente e prazeroso da Grande Mãe.

Atualmente, estas duas energias necessitavam se reencontrar e fundir seus opostos num outro nível de consciência, que foi despertado pelo retorno do Sagrado Feminino nas últimas décadas do século XX.

Realizar este casamento tornou-se minha Profissão de Fé. Baseei-me nos ensinamentos de Riane Eisler[1] através dos quais ela cunhou a palavra *matricial* para nomear este processo. Desde 1981 venho desenvolvendo um código de ética de vida regido por esta alquimia; através da Paz-Géia, como Instituição, e dos companheiros xamãs que me acompanham nesta caminhada, numa fraterna parceria, tenho encaminhado meu projeto.

Nosso *modus operandi* para tal inicia-se propiciando o autodespertar do arquétipo do Xamã. Ele, como Herói da Consciência, com sua força de visionário, quebra todos os paradigmas e sugere novos valores e conteúdos — as "novas imagens". Pela celebração à vida, pela nossa fidelidade à Mãe-Terra nós, os Xamãs, movidos pela inspiração de sermos luz para todos que nos cercam, ousamos

---

[1] Riane Eisler, referindo-se a *matriz,* em *O Cálice e a Espada*, Imago, Rio de Janeiro, 1989.

pôr em ação esta proposta visionária de uma nova ética de vida.

Centrada na resolução de opostos, com foco na parceria, na comunhão do feminino com o masculino, partindo do individual para o coletivo, esta nova ética está ancorada:

1 - **Nos valores essenciais da Grande Deusa/Mãe Terra/ Madona Negra que são**: Intuição/Sabedoria, Justiça, Liberdade, Criatividade, Beleza, Concórdia, Misericórdia, Tolerância, Alegria, Compaixão, Perdão.

2 - **Nos dons do Espírito Santo**: Profecia/Visões do Passado, Fé, Clarividência, Milagres, Poliglotismo, Entusiasmo, Exorcismo, Cura, Diplomacia, Ensinamentos Inspirados, Clariaudiência.

A Ética do Xamanismo Matricial propõe:

- A Parceria, tendo o enfoque principal nos Relacionamentos em detrimento das Hierarquias. Homens e mulheres têm seus direitos e deveres iguais, respeitando-se sempre o talento inerente ao gênero e a igualdade com respeito pela diversidade.

- O Poder que não seja limitador do desenvolvimento do outro por não ser "sobre" o outro e sim o Poder da Responsabilidade "para com" o outro. Não mais o Poder piramidal com chefes governando do alto, mas sim o Poder como União, simbolizando pela forma circular ou oval — o Ovo Cósmico da Grande Deusa.

O Conhecimento, que seja de solicitude, priorizando a prática da empatia, através da intuição e da razão. Este conhecimento irá influenciar a mente coletiva, ajudando a formar a massa crítica que levará a mente coletiva de forma consistente e gradativa, a mudar o curso do futuro da humanidade. A sociedade humana, tal qual o xamanismo matricial a vê, será concebida como um sistema vivo do qual todos nós somos parte, numa grande tapeçaria.

No exercício de tecer esta nova tapeçaria mítica dentro dos padrões matriciais devemos criar primeiramente em nossas mentes e almas uma sociedade pacífica e altamente criativa em que o trabalho mais valorizado, a prioridade número um, será o desenvolvimento físico, mental e espiritual das CRIANÇAS.

A tolerância para com as diversidades de raça e credos, a compaixão (estar junto ao outro *com paixão*), a competição equilibrada pela cooperação e o individualismo permeado pelo Amor trarão o advento da onsciência Cósmica à qual chegaremos pelo Poder da Mãe-Terra/Madona Negra que estabelecerá a Paz na Terra.

Capítulo 2
O Xamã, Herói da Consciência

Percorrer os caminhos que nos levam à Madona Negra e a seus redutos secretos nos primórdios da Humanidade, só nos é possível tendo como guia o Xamã, Herói da Consciência.

Por sua grande aventura de ter acordado a Humanidade para a Consciência, o Xamã é, por excelência, o primeiro servidor da Grande Deusa Sutil e Metafísica: a Mãe-Terra, cristianizada como a Madona Negra.

Nos primórdios da Humanidade, o ser humano dormitava no Éden e constituía com o mundo um único plano indiferenciado. Unido à Mãe Natureza estava fusionado em perfeita comunhão com animais, vegetais, o fogo, a água, o ar, as pedras e a própria Mãe-Terra.

Sem ser regido por tempo ou espaço, o ser humano vivia mergulhado numa inocência primária: a inocência no Éden. Mas, deste mesmo contexto surgiram alguns seres privilegiados, já com um iniciante ego corporal através dos quais o chamado de união ("a voz") com sua origem sagrada, o arquétipo do Divino, se fez ouvir.

Diferenciados dos demais, tendo a capacidade de entrar em êxtase, alguns homens e mulheres há aproximadamente 200.000 anos antes dos tempos conhecidos, conseguiram "viajar" multidimensionalmente, mobilizados por essa "Voz" interior. Por essa centelha de desejo de conexão com o Absoluto, eles deram, literalmente, um salto quântico do segundo para o quinto nível da Grande Corrente dos Seres.

De acordo com a Filosofia Perene e a Psicologia Vedanta exaustivamente estudadas por Ken Wilber[1], a Grande Corrente dos Seres é uma espiral que conduz os Seres Humanos, desde sempre, ao longo da Evolução da Consciência, da sua primitiva origem até seu retorno ao Absoluto. Ela é formada por oito Níveis que evoluem em três estágios: Inconsciente (ou Subconsciente), Consciente e Supraconsciente.

O estágio Inconsciente abrange:

1º· Nível: Natural, no qual o ser humano está fundido à Natureza fisicamente e às formas inferiores de Vida.

2º· Nível: Corporal, no qual o ser humano percebe o corpo como forma de vida e há um início da embrionária consciência corporal.

---

[1] *Up From Eden*, Routledge & Kegan, Londres, 1959

3º. Nível: Mente Primitiva, onde aparecem a fala e os mitos paleolíticos.

O estágio Consciente apresenta o

4º. Nível: Mente Avançada, reflexiva e racional.

O estágio Supraconsciente é composto pelos níveis:

Da Alma:

5º. Nível: Natureza Psíquica, Arquetípica, da Alma ou Xamânica.

6º. Nível: Natureza Sutil, como a dos profetas, dos santos.

Do Espírito:

7º. Nível: Sabedoria, Causal ou Mental Superior.

8º. Nível: Final, o retorno ao Todo, ao Absoluto.

É possível assim, por meio desta descrição da Grande Corrente dos Seres, perceber o imenso salto dado pelos Xamãs. Da simples e embrionária consciência corporal, no segundo nível, eles foram capazes de acessar o quinto nível dos arquétipos através do chamado da "Voz" e do transe xamânico.

Mobilizados por um forte apelo de transcendência, iniciaram assim todo o caminho da evolução psíquica dos seres humanos. No 5º. nível, onde repousam os Arquétipos, os Xamãs, através do êxtase, encontraram-se frente a frente com o Arquétipo[2] do Divino.

Tomados por um fervor numinoso, sob o impacto do Arquétipo do Divino, os xamãs visualizaram a sua missão — levar sua descoberta aos seres humanos.

Ao retornarem do vôo extático, se transformaram em agentes do Sagrado e começaram a transmitir a existência do Divino — da Deusa — a todos os que os cercavam, tirando-os do sono mágico da inconsciência. Iniciou-se assim o grande despertar da Humanidade — a saída do Éden, de acordo com a Psicologia Vedanta.

Este fato, por si só extraordinário, nos permite imaginar o que a alma do Xamã viu: não só as profundezas do seu próprio ser, mas também o destino e a sorte da Humanidade. Só por isso, afirma Wilber, o Xamã já mereceria nosso profundo agradecimento e admiração. Essas almas isoladas com um pouco mais que uma consciência corporal, foram suficientemente calmas em seus corações para ouvir o chamado do Divino, da Alma do Mundo.

[2]*Arquétipos* podem ser definidos, resumidamente, como Idéias universais pré-existentes no ser humano, que correspondem a padrões de comportamentos psíquicos do homem.
[3] Em *A História da Origem da Consciência*, Cultrix, São Paulo.
[4] Em *Up from Eden*, Routledge & Kegan, Londres, 1959.
[5] Em *As Máscaras de Deus - Mitologia Primitiva*, v. I, Palas Athena, São Paulo, 1992.

Por esse feito inigualável, o Xamã foi consagrado por Erick Newmann[3], Ken Wilber[4], Joseph Campbel[5] e um grande número de filósofos e psicólogos transpessoais como o "Herói da Consciência".

Como veremos adiante, este longo despertar que levou alguns eons, abrigava dois cultos: um à Mãe Biológica ou Grande Mãe — que exigia sacrifício de sangue (culto exotérico, conhecido e praticado por todos) e outro à Grande Deusa, Mãe Metafísica, Sutil e Transcendente, nossa Madona Negra. Esta, ao ser cultuada secretamente pelos Xamãs, pedia o auto-sacrifício.

O auto-sacrifício exigido representaria a conscientização dos nossos impulsos primários e a ampliação da consciência; tal ensinamento era passado através de um culto esotérico, secreto, destinado àqueles poucos iniciados no despertar da consciência e propunha a transformação do animal-humano no Ser Humano.

Vamos agora acompanhar, ao longo da História da humanidade, a profunda devoção do Xamã à Mãe-Terra, nossa Madona Negra.

Como vimos, por sua origem os Xamãs pertencem à mais arcaica tradição de religiosidade (de *re-ligare* com o Divino) sem que esta tradição — o xamanismo —, seja, entretanto, uma religião.

A função do *re-ligare* inicia-se quando o Xamã encontra o Arquétipo do Divino; essa função se perpetua através da grande responsabilidade que o xamã assumiu: a responsabilidade de acordar a Humanidade. Pelo fato do ser humano sentir-se fundido à Mãe-Terra e a todos os seres viventes e sencientes, aqueles que acordavam do sono mágico da inconsciência ganhavam a consciência, mas perdiam sua inocência paradisíaca.

Assim nasceu a culpa primordial — pelo abandono à Grande Mãe —, que perdurava até encontrarem o verdadeiro sentido, ganho através da consciência. Com o auxílio do Xamã, isso tornou-se possível graças a prática do culto esotérico que honrava a Grande Deusa — a Mãe-Metafísica, Madona Negra — senhora do mundo profundo, dos mistérios e das graças.

O clássico símbolo dos Xamãs era um pássaro, sempre presente nas estatuetas da Grande Deusa do período paleolítico. Esse pássaro representava sua capacidade de voar além dos confins da terra e vencer o terror da morte — o grande medo arquetípico que aprisionava o ser humano. O vôo desse pássaro representa o transe xamânico que lhe outorga um poder particular — a habilidade de cruzar os mundos consciente e inconsciente sem perder a lucidez, indo além da fronteira da Vida e da Morte.

Mircea Eliade[6] relata que o transe xamânico coloca o Xamã como figura dominante em todas as culturas nas quais a experiência do êxtase é considerada a expressão máxima do sagrado. O Xamã, apenas ele, é o Grande Mestre do êxtase e o xamanismo é a primeira definição deste complexo fenômeno.

O êxtase confere ao Xamã a habilidade de entrar, por sua livre vontade, no transe. Ele não é uma vítima do transe e sim é capaz de dominá-lo, como o pássaro domina o ar no seu vôo.

O transe xamânico ocorre sempre através de toque de tambor. A magia dos tambores carrega o Xamã nas asas do ritmo, as asas do transporte espiritual. Este transe, como uma bênção, marcará sua extraordinária forma de ser através do êxtase; é o transe que lhe permite alcançar a "visão" que o liberta da realidade comum. Ele se diferencia dos demais seres humanos por integrar na consciência um considerável número de experiências que, para o mundo profano, são reservadas aos sonhos, loucura ou estado de pós-morte.

[6] Em *Xamanismo, Técnicas Arcaicas do Êxtase*, Martins Fontes, São Paulo, 1998.

Nas sociedades primitivas, eles eram considerados seres superiores, pois o Xamã é aquele que "sabe" e/ou "relembra" os mistérios da Vida e da Morte. Ele é o Grande Indivíduo que sempre se comporta como um Ser da experiência. Como vidente, artista, profeta ou revolucionário, formula os novos valores e conteúdos, as novas imagens sendo, como vimos, sempre orientado pela "Voz" — a manifestação do Arquétipo do Divino.

O caráter sagrado de sua Missão de conscientização da Humanidade, a profunda ligação com seus animais, com os quatro elementos, com todos os seres sencientes — fundamentalmente com a Mãe-Terra — fez surgir a prática xamânica que chega até nossos dias.

Desde os primórdios da Humanidade no Matriarcado — entre os coletores e agricultores —, e posteriormente no Patriarcado — entre os caçadores —, essa prática é evidente, o que levou Campbell[7] a configurar dois tipos de Xamanismo: o agrário e o dos caçadores.

A ênfase dos rituais dos coletores/agricultores está voltada para o grupo. Isto define a sabedoria do mundo agrário que conhece o poder do grão de trigo, que ao cair na terra, morre para viver. Valores como partilha,

---

[7]Em *As Máscaras de Deus - Mitologia Primitiva*, Palas Athena, São Paulo, 1992.

colaboração, confiança mútua e amor fraternal são permanentemente cultuados no modelo agrário e seus ritos são voltados para os ancestrais.

Nesse modelo, todas as tribos, na Primavera, nos primeiros degelos, saíam de suas cavernas geladas numa grande jornada e se encontravam para comemorar com danças, cantos e muita alegria a iniciação dos jovens, os casamentos e honrar os antepassados nos festivais de verão. A disciplina religiosa era voltada com gratidão para o culto amoroso à Mãe-Terra. O(A) Xamã era o(a) grande celebrante; o sexo e a gravidez, a colheita e os ciclos da terra eram cultuados durante todo o Festival de Verão, tendo sempre a Grande Deusa, Mãe Sutil, como o princípio de tudo.

Diferentemente o xamanismo dos caçadores privilegiava o indivíduo, embora aqui o grupo não desaparecesse. No mundo dos caçadores, o grupo nunca foi grande, sendo composto, no máximo, por uns quarenta homens. O indivíduo tinha permanentemente de provar que era um guerreiro, um herói e suportava sozinho todos os desafios.

Os ritos da puberdade, baseados em isolamento e sofrimento, tinham a busca pessoal de uma visão como tema central, e se davam por atos isolados, diferentemente do caráter festivo e coletivo da iniciação nos ritos agrários.

Esses Xamãs caçadores nos deixaram provas inequívocas de práticas xamânicas no Paleolítico, como atestam as pinturas rupestres da gruta de Lascaux, na França. No seu teto abobadado há touros fantásticos saltando, manadas de cavalos trotando, fêmeas prenhes, tudo cheio de vida e movimento. E numa região mais profunda da gruta, de difícil acesso, vê-se a figura mágica do Xamã, tomado por um transe, usando uma máscara de pássaro. Ao seu lado, um touro transpassado por uma vara que tem, na ponta, a imagem de um pássaro; o falo rígido do Xamã aponta para o animal ferido, detalhe que acentua o seu poder patriarcal.

De uma época um pouco anterior a esta, na saída do matriarcado para o patriarcado, a lenda do primeiro Xamã surgiu a partir do xamanismo dos caçadores .

Conta a lenda que nos primórdios da Humanidade os seres humanos viviam um caos ambiental na mais completa inconsciência do que lhes ocorria. Na sua precariedade humana, eles estavam à mercê das intempéries do tempo, dos fenômenos da natureza, da doença e da morte. Não faziam a correlação entre, por exemplo, a picada de uma serpente e a subseqüente morte (vem daí nosso arcaico medo de escuro e cobras). Muitas vezes, a caverna que os abrigava era a mesma que lhes oferecia a morte por estarem infestadas de cobras.

Por não terem consciência, não sabiam o significado de nada (vida/morte), só havia o espanto. Apesar desse completo desamparo, já intuíam a chama divina que os fazia pressentir a existência de um Ser Supremo. Envoltos no caos existencial e ambiental, eles clamaram ao Ser Supremo que lhes mandasse uma ajuda. Este, misericordioso, enviou-lhes a águia, portadora da Sabedoria, da Força e do dom da Consciência.

Mas, desde esses tempos tão remotos, o Ser Humano já possuía o embrião do germe do orgulho e recusou a ajuda de um simples pássaro, que sequer sabia falar seu idioma. A Águia retornou e relatou seu fracasso ao Ser Supremo. Este, indignado, mandou-a voltar e entregar o dom da Consciência à primeira pessoa que encontrasse. A Águia deparou então com uma bela mulher que dormia embaixo de uma árvore e que, com licença poética, afirmo ser a Liberdade.

A Águia acordou a bela mulher dizendo-lhe que trazia o dom da Consciência, enviado pelo Ser Supremo; em seguida, copulou com ela, que aceitou o dom; dessa união nasceu o primeiro Xamã: filho de uma energia amorosa e criativa feminina e da força da Consciência que necessita da liberdade para poder Ser e se expandir.

Esta lenda também define a profunda ligação do Xamã com o animal. Ser filho da Águia significa que ele incorporou o animal humano que somos, nossa instintividade. Se juntarmos o pensamento mágico primitivo a essa nossa herança animal, ficará claro o papel primordial que o Xamã confere aos animais. Desde o seu animal de Poder, que sempre o acompanha em seu psiquismo, marcando traços da sua personalidade, até os outros animais, os quais ele luta para salvar da extinção numa batalha ecológica. Em todas suas "viagens", através das quais ele exerce seu poder de Xamã, os animais estão presentes, ajudando a solucionar os problemas.

Desta dupla visão do xamanismo podemos sintetizar:

1) O xamanismo agrário privilegia o grupo, a comunidade e é regido pelos grande valores e atributos da Grande Deusa, sutil e misteriosa, que na sua face ctônica é a Madona Negra. Desenvolveremos este tema neste livro.

2) O xamanismo dos caçadores – que chega até nós zelosamente guardado pelos Xamãs Siberianos, Lapões, Esquimós, Africanos, Chineses e Índios do Sul, Centro e Norte América. Nos anos 60-70 do século XX, acompanhando a forte energia arquetípica do retorno do Xamã, que veio para organizar o caos da modernidade e acordar a Humanidade, ocorreu uma grande mudança. Todos esses guardiães dos segredos do xamanismo

receberam autorização de transmiti-lo ao homem dito "civilizado" pois, de acordo com os índios Norte-americanos, é chegada a hora do Povo do Arco-Íris, cuja principal característica é reunir as quatro raças, não no sentido genético, mas metafórico. O sangue que corre nos seres humanos é testemunha de que somos todos iguais, pois ele é o mesmo para brancos, vermelhos, negros e amarelos.

Como Prometeu, que em sua ousadia roubou o fogo dos deuses, o Xamã está sempre à frente do seu tempo, disposto a "roubar" o fogo da cura, da religiosidade e das artes. Sempre viajando conscientemente entre as diversas realidades, entre a vida e a morte, o Xamã é, acima de tudo, o guia que nos leva a aceitar o desafio de voltar à Totalidade — à Grande Deusa, a Madona Negra, a Parte e o Todo Absoluto.

Capítulo 3
A Grande Mãe e a Grande Deusa.

A Grande Mãe

No estágio de semi-inconsciência no qual os seres humanos estavam mergulhados, eles eram regidos pelo princípio da magia, da parte para o todo, similaridade e afinidades simbólicas. Compreendiam o mundo segundo o raciocínio de uma criança, encontrando assim soluções mágicas para sua precariedade humana.

Dois medos primordiais os moviam: os mistérios da vida e os da morte. Percebiam que o sangue menstrual gerava vida (similaridade) e o sangue derramado trazia a morte (afinidade simbólica).

O sangue menstrual era tido como o "pai" do novo ser; a Terra era a mãe, e a Lua representava o consorte mágico, desconhecido e divino. A Terra passou assim a ser a grande Mãe biológica — que dá os frutos a partir do seu solo mas, quando irada, revertia sua ira em pestes, cataclismos, seca, infertilidade nos campos, etc. Portanto, por analogia primitiva, se derramassem sangue na terra como uma espécie de doação extra, ela seria aplacada. Surgiram assim os primeiros rituais de sangue da humanidade que foram perpetuados durante longos séculos.

Como vimos, o longo despertar da Humanidade abrigou dois cultos. Um a essa mãe biológica, a Grande Mãe irada que pedia sacrifício de sangue, praticado pela maior parte da Humanidade (culto exotérico); e outro à Grande Deusa, mãe Metafísica, Sutil e Transcendente — que exigia o auto-sacrifício (culto esotérico). Esta distinção é fundamental pois evidencia a característica única do trabalho com a Madona Negra.

Estes dois cultos ocorriam em paralelo e raramente a diferença foi percebida pelos antropólogos. Riane Eisler[1] tece considerações sobre o fato de que várias pinturas rupestres não seriam só rituais de caça mas celebrações à vida. O que é interpretado como setas e armas de arremesso seriam trigais e os animais simbolizariam a fertilidade da Mãe-Terra, dançando pela alegria da reprodução em belíssimos movimentos.

O culto esotérico, pelos seus segredos, levou os Xamãs e seus seguidores, cada vez mais, a se esconderem em grutas, cavernas, santuários onde geralmente corria um regato ou rio; ou ao lado de uma grande e oca árvore.

---

[1] Em *O Cálice e a Espada*, Imago, Rio de Janeiro, 1989

Nesses sítios, posteriormente, foram encontradas pelos templários pequenas estatuetas negras, representações da Grande Mãe Sutil, que os abençoava e lhes trazia, mediante o auto-sacrifício, a consciência, alimento da alma, força da transformação da Humanidade.

A Grande Mãe biológica, que dominou a mentalidade do homem primitivo, se diferenciou assim da Grande Deusa do reino Sutil da Transcendência.

A Grande Deusa

Através da experiência do Sagrado apreendida pelos xamãs, os seres humanos podiam entrar em contato direto com a divindade da Unidade Arquetípica. Fogo, ar, chuva, trovão, raio, água, vulcão, etc. passaram a ser vistos por esta minoria que praticava o culto esotérico não mais como deuses, mas como manifestações que revelavam a Deusa-Única vivente do mundo Sutil — a Grande Deusa.

A distinção entre Grande Mãe (Mãe-Terra biológica) e a Grande Deusa (nível sutil, modo mais avançado de consciência) é o mais importante insight da história da consciência. Entretanto, como mencionado, a religião da Grande Mãe e da Grande Deusa coexistiram lado a lado, com os mesmos símbolos (pássaros, peixes, machado duplo,

.lua, cabeça de touro com seus chifres em forma da Lua), diferindo apenas pelos rituais de sangue ou pelos sutis e secretos auto-sacrifícios que transformavam, através da conquista da consciência, o animal humano em ser humano.

Portanto, o Grande Poder da Grande Deusa refere-se à resolução e integração dos dois grandes opostos, o instintual e o espiritual — morte/vida —, que foram aplacados quando o ser humano obteve o ganho da consciência e saiu do pensamento mágico.
O reino da Grande Deusa é Redentor, Misericordioso e Justo. A Grande Deusa ampara seus filhos com a energia do Divino Feminino e chega até nós cristianizada como a Madona Negra trazendo-nos seus atributos: *Criatividade, Intuição/Sabedoria, Misericórdia, Tolerância, Liberdade, Concórdia, Alegria, Justiça, Perdão, Compaixão, Beleza*. Estes atributos estão à nossa disposição para serem usados quando deles necessitarmos. Neste livro propomos acessá-los através da utilização de suas *Cartas Sagradas*.

O Espírito Santo

Assim como o Xamã, atuando na materialidade, é o sacerdote da Grande Deusa Sutil e seu agente de transformação e ampliação da consciência, o Espírito Santo é o parceiro da Madona Negra, acompanhando-a e realizando os seus milagres por toda a Eternidade.

Na sua forma sagrada de Fogo Criativo, o Espírito Santo está contido na Grande Deusa/Madona Negra, como o amálgama está contido no centro da terra. De acordo com um conhecimento esotérico, sabemos um pouco sobre a parceria do Espírito Santo com a Madona Negra:

No centro da Terra há uma força que transforma o Sol em Lua e esta força é a Grande Deusa *Madona Negra*. *Ela* é o Sol Negro, poderoso e transmutador das Sombras. Ela é a matéria que dá nascimento à obra e o Espírito Santo é o Fogo Criador que inspira a *Obra*[9].

O Espírito Santo e a Madona Negra realizam assim, dialeticamente, o equilíbrio dos opostos. Ele cria, Ela materializa. Ambos trazem, por esta energia de equilíbrio dos opostos, a resolução de dois medos básicos: vida e morte.

O equilíbrio dos opostos é o princípio essencial tanto da mudança quanto da estabilidade; isso se dá através do movimento. E o Espírito Santo é um vir a ser dinâmico e eterno. O tempo, para ele, não existe; assim ele se ma-

---

[9] J.J. Van Der Leew, *O Fogo Criador*, Pensamento, 1964.

nifesta permanentemente como Inspiração e Entusiasmo; numa concepção teológica Cristã pouco difundida, o Espírito Santo é o Feminino de Deus.

Podemos, portanto, tomar como hipótese que a Madona Negra e o Espírito Santo são um só Ser de manifestação do Divino. A Madona Negra nos traz, como bálsamo redentor, seus Atributos; e o Espírito Santo, seus Dons.

Ambos se complementam na mesma dinâmica de inspiração/materialização e nisso reside a esperança de cura e transformação de todos aqueles que os invocam.

O Espírito Santo, através de sua atividade criadora, perpetua-se e reina nos mundos internos e externos, numa Divina Alquimia, através de seus Dons: *Profecia/Visões do Passado, Fé, Clarividência, Milagres, Entusiasmo, Exorcismo, Cura, Diplomacia, Ensinamentos Inspirados, Poliglotismo e Clauriaudiência*.

As Cartas Sagradas da Madona Negra e do Espírito Santo vêm em nosso auxílio trazendo a inspiração para a solução de nossos problemas e a força materializadora que se manifesta numa poderosa e sagrada Força de Vontade, tornando-nos artífices de nossa própria cura.

Capítulo 4
Da Grande Deusa a Outras Deusas

"A escuridão precede a luz e ela é a mãe".
(Inscrição no altar da Catedral de Salerno, Espanha).

A primeira sabedoria era escura e feminina. Como doadora de vida, a Grande Deusa é o ventre da terra — o Útero Eterno, a escuridão primordial. Ele é representado pela cabaça na tradição ioruba. A cabaça *"ygba"* é a manifestação da totalidade — o conteúdo e o continente. Ela contém um pássaro: *Atiorô*, que é, ao mesmo tempo, o poder da gestação e o elemento procriado.

Os primórdios que ora descrevemos estão vivos no atual culto das Grandes Deusas — os orixás femininos.

O orixá Oxum é a manifestação do poder da Grande Deusa no Candomblé, um culto vivo das Grandes Mães. Rainha excelsa deste poder feminino ancestral, arquétipo vivo, reina hoje principalmente no Brasil e na África; Oxum é a mais eminente das *Iyás* em um culto vivo às grandes Mães. É o orixá de todas as águas, rios, cascatas, córregos e inclusive do mar (em país ioruba).

Oxum é a genitora por excelência, e ao mesmo tempo é a Mãe ancestral suprema, ligada à procriação, sendo também padroeira da gravidez. Protege os fetos e vela por eles após o parto até enquanto não tiverem armazenado um conhecimento que lhes permita falar. "A cura das crianças lhe pertence e Oxum não deve ser inimiga de ninguém", afirma a tradição ioruba.

O orixá é representado em algumas tradições como um peixe mítico, sendo os peixes considerados seus filhos, simbolizados pelas escamas do corpo mítico de Oxum. Da mesma forma que os peixes, os pássaros a personificam. Seu corpo de peixe ou de enorme pássaro mítico, está coberto de escamas ou de penas, pedaços do corpo materno, capazes de separar-se, simbolizando a fecundidade e a procriação.

Como vimos, a característica primordial da Grande Deusa é a harmonia dos opostos: instintual/espiritual, vida/morte, sagrado/profano, entre outros. Oxum, arquétipo vivo, quando manifestado em seus filhos, traz explicitamente esta harmonização dos opostos manifestada através de sua beleza física irradiante e dos gestos harmoniosos de suas filhas quando dançam na incorporação, sob o impacto da força do arquétipo vivo.

Tal qual a Mãe-Terra, ela é quem garante a abundância dos frutos da terra e dos descendentes. Ela é a Mãe, por excelência, e também a Deusa do Erótico. Dela provém a fonte da Paixão, por isso Oxum tem como função primordial espalhar fagulhas dessa paixão que atrai as forças de expansão (masculino) e de contração (feminino). Nesta função, ela atua em todos os níveis de existência, das polaridades que geram a formação dos planetas à atração sexual. Ela traz uma força orgástica que dá sabor e sentido à vida. É o feminino em sua plenitude, aquela que protege, nutre, cura, traz alegria, beleza e felicidade, feminino que incorpora a força do guerreiro e que, como tal, vela pela comunidade, inspirando-nos a lutar por nossa dignidade e pela justiça entre os homens.

Rainha da vaidade, da beleza, das artimanhas amorosas, não hesita em usar seu espelho, arma de sedução, como instrumento da guerra. Com belas e ricas roupas de cor amarelo-gema, símbolo da gestação, ela dança levando uma espada de guerreira e um leque: o *abébé*, um objeto redondo de latão, com um espelho no centro e pássaros e peixes esculpidos em sua moldura. Seus movimentos são profundamente suaves e sensuais e se vê, na incorporação, a verdadeira face da Beleza. Quando sua dignidade ou a do seu povo estão ameaçadas, este mesmo espelho é usado para refletir os raios de sol, cegando seus inimigos nas batalhas.

Ela traz para seus filhos a paixão criativa, inspira artistas promove a união das comunidades para, através da dança e do canto, honrar as mudanças de estação, reivindicar os seus direitos e honrar a graça da abundância. Fenômeno observável na possessão, Oxum, arquétipo vivo, é uma das mil faces da Grande Deusa/Mãe-Terra/Madona Negra.

As mais antigas manifestações do culto à Mãe-Terra/Grande Deusa — nossa Madona Negra — datam da préhistória. Uma manifestação que chegou até nós é uma pequena figura: "La Polichinelle". Ela foi trazida à luz por um camponês, perto das cavernas de Grimaldi. Seu perfil mostra nádegas, seios e barriga bem protuberantes.

A famosa Vênus de Sespugne (encontrada nos Montes Pirineus, na França) apresenta linhas verticais nas costas que lembram penas de cauda de pássaro.

A famosa Vênus de Willendorf (sul da Áustria) é uma pequena mulher com seios abalonados, enormes, chegando até a virilha — ela é tanto esteatopígica quanto proeminentemente grávida.

Em Ur encontramos outro arcaico registro do culto à Grande Deusa/Mãe-Terra, uma pequena estatueta na qual ela era representada com seu filho divino, ambos com cabeça de cobra.

Constantemente a Grande Deusa aparece cercada por animais: leões, serpentes, touros, porcos e outros. Da mesma forma, o Xamã, representante da Grande Mãe, vive cercado por seus animais de poder, dos quais extrai seu poder de cura.

Registros mais "recentes" nos levam a Suméria, onde a Grande Deusa aparece como a popularíssima Inana de dupla personalidade: de manhã é uma valorosa "Senhora das Batalhas", deusa dos heróis, e à noite torna-se a deusa da Fertilidade, dos prazeres e do amor. Fertiliza os grãos da terra e a mulher. Não pertence a um só homem, mas a vários. Suas sacerdotisas são as "prostitutas sagradas", que tais como as Virgens, não pertencem a nenhum homem, pois delas é Ventre da Deusa Inana — a Mãe-Terra —, na qual elas se transformam.

O culto a Inana tinha, no ato sexual, sua prática principal, através da prostituição sagrada. Todas as mulheres, após a menarca e até a menopausa, tinham como preceito religioso passar um dia, uma vez por ano, no Santuário de Inana, para servir sexualmente os estrangeiros e os homens que não tinham mulheres.

Enquanto elas não fossem escolhidas pelo menos uma vez, não poderiam voltar para casa — o que representava um grande problema para as feias, velhas e aleijadas, que chegavam a acumular anos de espera e prontidão por não serem escolhidas.

Vemos no Egito a Mãe-Terra/Grande Deusa, ser adorada como Neith, a mais velha e a mais sábia das Deusas. Protetora dos mortos e da guerra, estava também à frente das artes úteis do cotidiano. Era o céu noturno que se arqueava sobre a Terra, formando, com suas mãos e pés as portas da Vida e da Morte. Andrógino primordial, era a Virgem que fertilizava a si mesma, trazendo a vida que produzia todos os mundos. Mais tarde, foi cultuada na figura de Ísis.

Na Babilônia, era adorada como Ishtar; e como Astarte entre os Hebreus. Na Frígia ela aparece como Cibele (a Diana dos nove fogos, indicativo de fertilidade).

Como deusa grega, recebe o nome de Rea, Gea ou Deméter, sempre densa, profunda, misteriosa e escura. Suas equivalentes romanas são Tellus, Ceres e Maia.

A Mãe-Terra celta é a deusa Annis (ou Anu) e o seu culto espalhou-se pela Europa.

Porém, foi na cultura cretense-egéia onde mais se desenvolveu o culto à Mãe-Terra, sendo originalmente venerada em grutas e mantendo apenas sacerdotisas como suas servidoras. Este era um culto eminentemente feminino e os homens que o praticavam, geralmente Xamãs, tinham de usar saias iguais às das mulheres e acentuar os seios — que elas deixavam à mostra por serem símbolos de fertilidade. Esta deusa, a Deméter dos gregos, é a Senhora dos Animais, das montanhas e dos pássaros e de tudo que se agita em cima e abaixo da Terra.

As serpentes e os animais do mundo inferior e selvagem eram sagrados para ela; a pomba estava em sua coroa como o Espírito Santo está na de Maria. É a mãe animal, com seios sempre descobertos, e que, na figura de uma cabra, porca ou vaca, amamenta o pequenino Zeus. Seu culto data da Idade da Pedra, como indicam as saias de pele de suas sacerdotisas, que se apresentavam sempre com os seios nus.

No centro do grande culto à fertilidade em Creta está o touro, o duplo machado (ou labris), o Minotauro e o Labirinto. O touro é o instrumento masculino que fecunda e ao mesmo tempo é vítima da fecundidade, como atesta o seu sacrifício que ainda hoje encontramos nas touradas e em criminosas sádicas "brincadeiras" como a Farra do Boi.

A Deusa de Creta é a senhora do mundo inferior, das profundezas da Terra e da morte. Seu Ventre terreno é o Ventre da morte, como também é o centro da fertilidade de onde a vida emana. Entrar para o Labirinto significa entrar nesse Ventre para encontrar a morte, de onde, tal qual o grão de trigo, morre-se para renascer.

Com o advento do patriarcado, porém, este fortíssimo poder matriarcal da Grande Deusa Mãe-Terra teve de ser destruído. Surgiram então as inúmeras deusas gregas e romanas que representam todas elas algum atributo dessa Grande Deusa. Como o patriarcado não conseguiu destruir a força da Grande Deusa, dividiu-a. Hoje, todas as deusas retornam como Feminino-Luz. Representantes da Grande Deusa Mãe-Terra, as deusas gregas e romanas atuam como co-responsáveis pela grande mudança que sofrerá a Humanidade e que tem no Xamanismo Matricial um dos agentes dessa transformação.

Capítulo 5
As Deusas-Mães no Mundo Cristão

Com o começo da Era Cristã, o culto de todos os Olimpos declinou. Também o culto a Grande Deusa/Mãe-Terra sofreu este mesmo declínio, passando a ser clandestino. Chegaram até nós somente ecos de alguns cultos, como os mistérios de Eleusis, nos quais se veneravam Deméter e Perséfone.

Artemísia ou Ártemis, em Éfeso, continuou reinando inabalável por um bom tempo; nem mesmo o Apóstolo Paulo conseguiu impedir os rituais à essa deusa. Ela era também Diana, a deusa da madeira e do ramo dourado, sendo este traço característico dela e das Madonas Negras que muitas vezes foram encontradas em árvores. Também se confundia com Hécate, a deusa feiticeira.

As três grandes deusas do Leste, Ísis, Cibele e Diana de Éfeso, que eram representadas como negras, se estabeleceram no Ocidente antes da romanização.

No mundo celta, a adoração das três deusas (Deae Matres) e da deusa égua Epona floresceu entre os druidas e continuou sob o domínio de Roma.

Lyon, capital das Três Gálias, acolhia Ísis (que chegou a ser deidade máxima no século III), como uma das grandes deusas universais. Em Paris, por esta época, reinava Ísis, até ser substituída pelos cristãos por Santa Genoveva, sua atual padroeira.

Os Merogínios adoravam Cibele como Diana dos Nove Fogos, deusa da fertilidade. O reinado de Ísis em Paris começou em 679, Dagoberto II, o Santo Merogínio, estabeleceu o culto "Àquela que hoje recebe o nome de Nossa Senhora e que é nossa Ísis Eterna". Seu nome era Nossa Senhora da Luz e Paris foi sempre conhecida como a Cidade Luz.

Até o século IV percebia-se uma religiosidade baseada na Grande Mãe Universal, sutil e metafísica com suas características suaves de amor, perdão e recolhimento.

A Igreja Cristã, estabelecida à partir de Constantino, passou a exigir de seus seguidores uma fé cega que enfatizava, sobretudo, a masculinidade desafiante e rígida dos mártires.

As qualidades sublimes e sutis do feminino foram renegadas e um período de obscurantismo e clandestinidade, que se abateu sobre o culto das matriarcas Deusas, doadoras de vida, prazer e felicidade. O Patriarcado passou a exercer então sua face mórbida e cruel.

O princípio feminino esboçou um movimento emergente no Renascimento Gótico. Na França, uma ordem religiosa e de cavalaria surgiu no século XII, cercada de mistérios: a Ordem do Priorado de Nossa Senhora de Sion, que interessou-se apaixonadamente pelo culto às Deusas-Mães, através da figura cristianizada da Madona Negra. A mais importante contribuição histórica do Priorado foi um notável antecedente da luta pela igualdade de direitos da mulher.

Porém, as Madonas Negras só se tornam fortemente presentes a partir dos Cruzados. Especialmente os templários fortaleciam essa presença, pois traziam para sua pátria estatuetas de virgens negras, que eram tidas como exóticas representações de deusas pagãs. Essas estatuetas, como vimos, eram primordialmente veneradas como a Grande Deusa Sutil e Metafísica.

A grande festa dos Templários era Pentecostes, celebrada no dia do Espírito Santo; como vimos, a Pomba pertence à Mãe-Terra como o Espírito Santo pertence a Maria. Pentecostes era também a grande festa Arturiana do Graal, objeto de busca sagrada que aparece por essa época. Os templários passaram à história como os grandes guardiães do Graal.

O Santo Graal protegia a terra, a nutria e lhe concedia fertilidade, poderes similares aos da Mãe-Terra e da

Madona Negra. O princípio feminino se revelou no Graal, como também o culto à corte do Amor, praticado pelos trovadores através da inteira dedicação à Dama.

No "Codex Manesso" (1492) há uma magnífica pintura de Ubrich, trovador do século XIII trazendo em seu capacete a imagem da deusa na forma de Minne que presidia o amor cavalheiresco. Na mão direita, uma flecha apontava para baixo; com o braço esquerdo, segurava em direção ao alto uma tocha flamejante, pois ela é a senhora da morte e da vida. Esta característica foi preservada pelo escultor francês Bartholdi na famosa Estátua da Liberdade.

O século XIV, entretanto, marca o fim desse reflorescimento do feminino, com as primeiras fogueiras acesas pela Inquisição, que arderam por 500 anos.

As grandes fogueiras queimavam e essa atitude difamava os Templários, que encabeçavam a "caça às bruxas", numa tentativa de eliminar o princípio feminino de prazer, liberdade e bonança da Grande Deusa. As piras das bruxas só se extinguiram na Era da Razão, que marca o surgimento da busca da Liberdade.

Apesar de aparentemente não corresponderem ao ideal da Era da Razão, as pequenas Madonas Negras aparecem como um símbolo de força formidável, mais antiga e poderosa que a de um Rei ou Papa. Elas são uma fonte de vida elementar e, como tal, incontroláveis como a própria Liberdade.

O culto à Madona Negra possuía um espírito e sabedoria próprios; seus devotos não se submetiam a nenhuma organização ou lei nacionalista. Representava a volta da parte feminina de Deus que levantava o entusiasmo popular. *A humanidade experimentou diretamente este retorno ao sagrado através das aparições da Virgem de Lourdes e a da Salete, no século XIX, e Nossa Senhora de Fátima no século XX, fenômenos que modificaram o posicionamento e o definitivo poder da Virgem Maria.*

Paralelamente a estes fenômenos religiosos das aparições da Virgem, surge um fenômeno sociológico que assombrou o mundo. A revolução sexual, a emancipação das mulheres por meio da igualdade de direitos e deveres e o controle da natalidade através da pílula anticoncepcional, trazendo de volta a força erótica da Grande Deusa, cultuada nos primórdios da Humanidade.

Vimos que no culto de Inana, a prostituição sagrada era o ato que restabelecia a harmonia dos opostos, o sagrado e o profano. Esta necessidade de conciliar o profano com o sagrado, como nos primórdios do culto à Grande Deusa/Mãe-Terra, torna-se, mais uma vez, legado das Madonas Negras com seu poder de integrar opostos.

O seu regresso ao primeiro plano da consciência coletiva vem assegurar a queda da rigidez patriarcal. Olhando com tolerância a busca do prazer pela vida, da alegria e do cultivo das sutis qualidades femininas, burla as hipócritas leis masculinas.

Uma das funções mais importantes das Madonas Negras é poder juntar a Justiça à Misericórdia, qualidades pelas quais elas são veneradas pela humanidade assegurando às mulheres sua libertação do jugo masculino. Tal qual o Espírito Santo, parte feminina de Deus, as Madonas Negras são as consoladoras dos Aflitos e aparecem misteriosamente onde há mais sofrimento do povo e necessidade de amparo, como atestam as inúmeras aparições que examinaremos a seguir.

Destinada a ser patrona de seu povo, surgiu no século XI, onde hoje há a Abadia Einsiedeln, Nossa Senhora da Floresta Negra. Também por esta época, em antigo recinto sagrado dos druidas, em Chartres, surgiu Nossa Senhora Subterrânea.

A Madona Negra de Monsterrat foi descoberta entre pedras por pastores em Barcelona; a Madona Negra de Prates, dos Pirineus, foi descoberta em uma árvore, assim como Ártemis.

A imagem de Nossa Senhora de Guadalupe, Madona Negra cultuada no México, surgiu quando um índio colheu rosas no topo de uma colina em plena estação de seca e as guardou num lençol. Ao abri-lo, diante do padre local, as flores formaram a imagem de uma santa com traços indígenas, apoiada sobre uma meia-lua.

A Virgem de Copacabana, patrona da Bolívia, foi encontrada por pescadores, após terem sido salvos milagrosamente de uma tormenta no lago Titicaca.

No Brasil, em 1717, um pescador encontrou no rio Paraíba, no estado de São Paulo, a Madona Negra Nossa Senhora Aparecida, padroeira do Brasil, hoje venerada não apenas na cidade que leva seu nome como em todo o mundo. É uma pequena e esplendorosa figura feminina negra que se apoia numa Lua Crescente. Conta a lenda que, ao ser descoberta, esta pequenina estátua tornou-se extremamente pesada, impedindo que o pescador a transportasse daquele lugar, tendo sido feita, inicialmente, uma pequena guarita para ela.

Naquele lugar existe hoje uma cidade-santuário com uma basílica, inúmeras igrejas e toda a infra-estrutura de uma cidade que já recebeu a visita do Papa e acolhe durante o ano inteiro peregrinos de todo o Brasil, numa grande, alegre e colorida festa religiosa que se comemora em 12 de outubro.

Capítulo 6
A Madona Negra

A Madona Negra, Mãe-Terra, Grande Deusa Sutil e Metafísica, possui a qualidade dos mistérios profundos, que são transmitidos pela tradição oral, privilégio dos iniciados — aqueles que acreditam por um ato de fé.

Como imagem holográfica que permeia a humanidade, a Grande Deusa/Mãe-Terra, nossa Madona Negra, é imanente e permanente em relação a todos os seus filhos. Ela é o solo que pisamos e que nos acolhe, é o ar que respiramos e que nos dá a Vida.

Perante uma verdade tão ampla, um conceito de realidade suprafísico, podemos, com a nossa precariedade humana, abarcar uma pequena parte dela. Portanto, não poderemos nunca definir ou concluir quem é a Madona Negra, pois ela é a Força do Mistério.

Esta pequena parte passível de revelação nos será apresentada por analogias no nosso coração através dos nossos sonhos, viagens xamânicas, experiências de quase morte (EQM) ou de renascimento (*rebirthing*) ou ainda por uma Revelação pela Fé, como aquela relatada na Introdução deste trabalho. Esta pequena parte se revela seguindo a Energia da Madona Negra ao longo da História da Consciência Humana, preservando, porém, o Seu caráter misterioso, que jamais será revelado aos não-iniciados.

Esta energia nos mostra que Ela é a Mãe, aquela que nutre, protege, mas que também transforma, como o grão de trigo é transformado ao morrer no seio da Mãe-Natureza.

Num retrospecto histórico, podemos seguir sua força através da devoção maternal encontrada em vários povos. Os antigos egípcios, por exemplo, cultuavam Ísis, e ao cultuá-la, se deparavam com os mistérios da Mãe-Natureza, sob seu aspecto criador divino. Nenhum mortal podia erguer o véu de Ísis; porém, se o Seu seguidor se elevasse acima de sua condição humana através do autossacrifício e do autoconhecimento, compreenderia, através de uma experiência divina, o significado do seu poder criador harmonizador dos opostos — Vida e Morte.

Para os não-iniciados, entretanto, Ísis permanecia distribuindo suas dádivas, o ideal da meiga maternidade, o consolo aos aflitos, dos quais emanava a divina compaixão, eterno atributo da mãe. Ísis representava o ideal tanto da fiel esposa como da carinhosa mãe. Ela recusou qualquer repouso enquanto não conseguiu recolher os fragmentos do corpo mutilado de Osíris. É ainda a Grande Mãe que guiou Horus criança através dos perigos e adversidades.

Deméter, a Grande Mãe terrestre dos gregos, também possui esta energia que permeia todas as Madonas Negras — a maternidade generosa que gera, nutre e protege, mas também recolhe às profundezas os filhos que precisam morrer para renascer, tal qual o grão de trigo.

Como Kwan-Yin, a Verdadeira Mãe da Compaixão e da Misericórdia da filosofia budista, ela emana esta energia primordial de Mãe, de envolvimento, proteção e perdão incondicional. Também como Santa Sara, padroeira dos ciganos, associada à figura de Kali, a deusa negra da mitologia hindu, esta expressão da Madona Negra é reverenciada sempre com muita música e dança, simbolizando o processo de purificação e renovação da natureza, o eterno "retorno dos tempos".

Trazendo a força da sua primitiva forma pagã de manifestação como a *Magna Mater*, transformou-se nos dias de hoje, como vimos no capitulo anterior, na Virgem Maria. E pelo sofrimento da dor profunda da morte de seu único filho, igualou-se neste sentimento a todas as mulheres como a Consoladora dos Aflitos.

Graças a esta nova configuração da Grande Mãe Sutil trazida pelos Templários, um elemento de doçura e de compaixão infinitos, um ideal feminino de dignidade, foi incorporado ao Cristianismo, como a Doutrina Mariana.

O ser humano só cultua o que julga real e nenhuma crença sobrevive sem ter base numa realidade — vem daí a sábia intuição dos Templários, que vestiam as pequenas deusas pagãs com o manto da Virgem Maria, manto este que nos abriga até hoje, tenhamos ou não consciência da sua proteção.

Podemos vislumbrar a verdadeira revelação de quem é a Madona Negra através do seu poder de conciliar opostos: o pagão e o cristão, entre outros, e sua atividade criadora — a Mãe Eterna que tudo gera. Mas será sempre uma verdade fracionada. A verdade inteira sobre a Madona Negra excede os limites de uma explicação intelectual, mas, em parcelas de verdade, mesmo imperfeitamente, podemos formar uma imagem.

Podemos perceber a luz solar como irradiação do sol, tudo aquecendo, transformando em abundância e fertilidade. A luz que vem do Sol, ao se juntar à Terra, emana energias que se regozijam e se expandem em vigor e beleza. Esta é a atividade criativa da Madona Negra, a sua Face por excelência, que está ancorada no centro da Terra como um Sol Negro.

O Sol Negro detém a força curativa e criativa do Princípio Negro que não pode ser conhecido pelos não-iniciados — aqueles que não desceram às suas profundezas, que não contactaram sua Sombra nem assumiram seu lado escuro como parte de sua humanidade. Somente por meio deste auto-sacrifício pode alguém tornar-se iniciado, detentor do Poder Sagrado do Negro da Luz — unindo-se à energia da Madona Negra.

Sob este aspecto, as Cartas Sagradas, com suas jogadas que provocam reflexão, promovem a iniciação daqueles que buscam respostas às suas dúvidas e desejam amorosamente entrar em contato com a Madona Negra e seus atributos redentores.

PARTE II
Elementos do Jogo

O Capítulo 7 traz a definição do Animal Xamânico[*] *e suas quatro versões: Animal de Poder, Animal Dourado, Animal Negro e Animal Alado. Mostra também como o leitor pode entrar em contato com seus Animais Sagrados Pessoais. O Capítulo 8 aprofunda o significado dos Animais Sagrados.*

O Capítulo 9 define os Portais Xamânicos e explica sua importância e seu simbolismo no jogo.

---

[*] Embora os dicionários apresentem apenas os adjetivos xamanista ou xamanístico, adotamos o neologismo xamânico em concordância com a linguagem usual adotada pela Autora e pela maioria dos xamãs brasileiros.

Capítulo 7
O Animal Xamânico

No Xamanismo, o animal tem um papel fundamental. Por ser irmão do animal humano que somos, ele faz parte da nossa natureza instintual.

No plano inicial arcaico, animal e ser humano não se diferenciavam, eram como uma única entidade. Isto pode ser constatado através das já mencionadas pinturas rupestres como as da caverna de Trois Frères, na França (25.000 a. C.). Nesse local, pode-se ver um xamã vestido com a pele e a cabeça de um cervo, a cauda do animal passando-lhe entre as pernas.

As inúmeras representações da Grande Deusa, Senhora dos Animais, e a lenda do primeiro xamã, vêm selar essa comunhão entre o homem e o animal. Posteriormente, a força dos animais passou a ser expressa na companhia freqüente que fizeram às deusas e deuses dos mais diversos panteões, até as inúmeras lendas em que o herói se faz acompanhar e proteger por um animal de Poder, seu Aliado; por exemplo, Belerofonte e o cavalo Pégaso. Os animais são ainda nossas entidades-guias, nossos parceiros da Criação.

Os animais dos mitos indígenas ameríndios nos doaram o fogo, os instrumentos musicais, ferramentas e armas. Para eles também os animais estão sempre no interior de cada humano, agindo sem que este saiba, e sua herança nos pertence.

O animal, na Sibéria, é o *Espírito Tutelar* ou *Protetor*; no México e Guatemala, o *Nagual*; na Austrália, o *Aliado Totem*; ele é o companheiro de estrada daquele que age em plena consciência. Como um fiel escudeiro, dá ao xamã a energia vital, a força e a sabedoria.

Nossa parceria mais constante é com a nossa natureza animal. Isto é, com o animal de Poder, descoberto pela própria pessoa que busca desenvolver seus talentos xamânicos, e que é a primeira busca que o aprendiz de xamanismo urbano deve empreender.

Usualmente, ao som do tambor do xamã (ao vivo ou gravado), o aprendiz, com intenção clara, viaja para buscar seu animal de Poder. Seguindo no início um roteiro de imaginação ativa, ele irá se sentir em uma floresta na qual encontrará uma caverna e nesta entrará em contato com seu animal de Poder.

O que era inicialmente uma imaginação conduzida pelo aprendiz, induzido pelo xamã através do som de seu tambor, torna-se uma imaginação autônoma. O animal, que nunca será escolhido pelo aprendiz de xamã, mas o escolherá, irá aparecer em número de quatro exemplares ou em quatro posições diferentes; ou ainda, simplesmente demonstrará um forte afeto compartilhado por ambos, pois trata-se de um encontro entre velhos amigos.

Após a confirmação à pergunta "Você é meu animal de Poder?", o aprendiz, conscientemente, estará de posse do seu Aliado, que sempre velou por ele, dando-lhe suas características pessoais. Se a resposta for negativa, o aprendiz deve pedir que aquele animal o conduza até seu animal de Poder. Quanto mais poder xamânico o aprendiz possui, mais animais auxiliares ele terá, pois existem animais específicos para situações específicas, invocados em raras ocasiões, até mesmo uma única vez.

O animal de Poder faz parte da personalidade como um todo; por isso, tem a possibilidade de alcançar um desenvolvimento espiritual. O animal de Poder irá evoluir nos outros três aspectos (Negro, Dourado e Alado), formando o séquito dos quatro animais Sagrados da Madona Negra e do Divino Espírito Santo, que são:

– *Animal de Poder*, do qual os outros três são apenas variações energéticas que, quando somadas, representam o Todo. É dele o nosso poder *Egóico*.

- *Animal Negro* — é dele o poder da nossa *Sombra* que, quando desconhecida, nos traz grandes problemas de relacionamento e quando revelada pelo nosso autoconhecimento (o sacrifício pedido pela Grande Deusa/Madona Negra), torna-se a grande aliada que nos leva à liberdade pessoal.

- *Animal Dourado* — é dele nosso poder *Mental*, que, no xamanismo, trabalha regido pelo coração. Ele representa todas as conquistas mentais que acumulamos e que não devemos rejeitar nem negar.

- *Animal Alado* — é dele o poder do nosso *Espírito* que nos leva ao conhecimento que surge além do pessoal: o arquetípico e transpessoal.

Você pode consultar as Cartas Sagradas da Madona Negra e do Divino Espírito Santo mesmo que você não conheça seu Animal de Poder através de uma iniciação xamânica tradicional.

Antes da invocação à Madona Negra e ao Divino Espírito Santo, coloque-se num estado de recolhimento interior através de um breve relaxamento; em seguida, peça a seus Guias Internos que lhe tragam seus quatro animais sagrados do séquito da Madona Negra e do Espírito Santo. Eles aparecerão em sua tela mental ou simplesmente você os sentirá. Tendo encontrado seus quatro animais, verifique se cada um deles possui as características a seguir:

Capítulo 8
Seus Animais Sagrados

Animal de Poder: todos nós o temos; no contexto de Cura da Madona Negra, ele representa nossos aspectos egóicos, características da nossa personalidade, as *Personas* (máscaras) que usamos, nossos talentos conhecidos e aqueles a que ainda não tivemos acesso, nossa criatividade não manifesta.

Obs.: Estas 4 cartas não representam um animal específico encontrado na Natureza, apenas representam seu Animal de Poder Pessoal nos 4 aspectos.

Animal Negro: necessariamente não existe na natureza, como, por exemplo, o leão (não existe, em toda espécie, na cor negra). Este animal significa a *"O Negro da Luz"*, a única força que pode combater a magia negra; ele partilha e recebe esta força da Madona Negra. Representa nossa *Sombra*, nosso lado escuro, que ao ser iluminado pelo conhecimento, nos traz as infinitas possibilidades de autotransformação. A Sombra, quando assumida, é a medida da nossa humanidade, nosso irmão escuro. Quando não a enxergamos, torna-se uma auto-magia negra que impede o nosso crescimento e as soluções de problemas, principalmente nos relacionamentos.

Animal Dourado: nosso animal do corpo Mental. Representa, por um lado todos os conhecimentos que acumulamos ao longo da vida. Com a sua Luz Dourada da Sabedoria, nos fornece os instrumentos da análise e a síntese que nos leva a formar opiniões sábias para a solução de problemas. Por outro lado, o animal Dourado é a nossa ligação com a Grande Mente, de onde provém as Idéias.

Animal Alado: nosso animal Espiritual. Não é, necessariamente, um animal alado por natureza (não precisa ser uma ave, por exemplo; pode ser um leão, um lobo, desde que apareça com asas). Ele traz a visão transcendente da situação e a possibilidade transpessoal de resolvê-la. Ou seja, nos auxilia a ir além da visão pessoal, a encontrar as explicações através dos arquétipos, forças sagradas e divinas que repousam no Inconsciente Coletivo, possuem fortes cargas curativas e criativas.

Capítulo 9
Os Portais Xamânicos

Os portais xamânicos são brechas que se abrem no plano Etérico quando invocados com Fé e intenção clara. Eles nos permitem passar do mundo da "realidade" cotidiana para os mundos dos estados alterados de consciência xamânica, nosso verdadeiro Mundo Real.

Os nossos portais principais representam as quatro Direções Sagradas. Cada uma possui poder, sabedoria e energia próprios, que permite nossa iniciação.

Os poderes sagrados das quatro direções são ancorados pelos quatro elementos: Fogo, Água, Ar e Terra e se manifestam não só na nossa personalidade como um todo, como também na nossa mente, coração, alma e corpo.

Existem diferentes perspectivas entre os povos indígenas dos vários continentes no que diz respeito às quatro Direções Sagradas (pontos cardeais) e as cores que elas representam. Cada elemento nos dá um recurso humano, que é a nossa ferramenta principal.

Optamos pelo simbolismo que mais corresponde a realidade brasileira, de acordo com nossa intuição e bom senso. Inspiramo-nos nos parâmetros adotados por Angeles Arrien[1], assumindo nossa dose de liberdade poética. Assim temos, segundo a direção da Roda da Vida, da direita para a esquerda:

1 - Portal da Direção Leste
Cor: *Amarela*
Simbolismo: *Vida, nascimento, fertilidade, energia*
Elemento: *Fogo*
Recursos humanos: *Três forças vitais — dinamismo, magnetismo e integração*

2 - Portal da Direção Sul
Cor: *Vermelha*
Simbolismo: *Emoções, afeto*
Elemento: *Água*
Recurso humano: *Amor por todas as criaturas vivas e inanimadas*

3 – Portal da Direção Oeste
Cor: *Preta*
Simbolismo: *Morte, transformação e germinação*

[1] Em O Caminho Quádruplo, Ágora, 1997

Elemento: *Terra*
Recurso humano: *Poder de assumir seu posicionamento, sua presença e sua comunicação*

4 – Portal da Direção Norte
Cor: *Branca*
Simbolismo: *Recolhimento, espera – o prometido*
Elemento: *Ar*
Recurso humano: *Sabedoria para usar as* Três Forças Vitais, *com Amor e Responsabilidade*

O Centro

Onde o Céu se encontra com a Terra, o Sol com a Lua, o Masculino com o Feminino — a união de todos os opostos.

PARTE III
O Jogo

Agora você se prepara para utilizar as Cartas Sagradas. O Capítulo 10 apresenta detalhes sobre a preparação do jogo, bem como a invocação à Madona Negra e ao Espírito Santo para iniciar sua jornada.

O Capítulo 11 explica a dinâmica do Jogo e variados tipos de Jogadas Sagradas.

Capítulo 10
Preparação para o Jogo

Prepare o local do jogo honrando o Sagrado. Marque, em seguida, as quatro direções, com a ajuda de uma bússola: Leste, Sul, Oeste e Norte; privilegie o Centro que simboliza a união de todos os Opostos e onde será revelado o resultado final.

Acenda uma vela para o Fogo (posicionando-a ao Leste), tenha um vaso de barro com Água(ao Sul) representando este elemento, uma planta ou um cristal para a Terra (Oeste) e acenda um incenso para saudar o Ar (Norte).

Invocação à Madona Negra para o Oráculo

Misteriosa Senhora, quem és? É teu poder da Luz do Negro e só por um ato de Fé no incomensurável poderemos entrar no teu Universo, Mãe Misteriosa.

Vejo-te envolta em luz, energia e movimento. Ora tens a face da Liberdade, que fortalece o livre arbítrio de toda a Humanidade, ora tens a face da Justiça que, dura e firme, clama por igualdade para todos os teus filhos. A compaixão é a tua auréola e todos que te invocam recebem este bálsamo.

És a Natureza e vestes uma roupa viva de pássaros, flores, frutos, animais e vegetais em perpétua mutação e esta visão de Ti nos cega de tanto esplendor.

Mãe da Misericórdia, é teu o Poder de Perdoar sem o qual não podemos usufruir teus outros atributos: Alegria, Beleza, Criatividade, Misericórdia, Concórdia, Liberdade, Intuição/Sabedoria, Tolerância, Justiça, Compaixão e Perdão.

Ó, força viva! Tu que materializas a inspiração do Espírito Santo, permite-me ser teu porta-voz através do teu Oráculo.

Invocação ao Espírito Santo para o Oráculo

Ó, Espírito Santo do Fogo Criativo, tu que és o Divino na tua atividade criadora perpétua, tu que reinas no mundo externo e interno, transformando a força do átomo em Cura, nós te invocamos, ó divino alquimista, e pedimos que compartilhes conosco teus dons: Cura, Clarividência, Ensinamentos Inspirados, Exorcismo, Clauriaudiência, Profecia/Visão do Passado, Poliglotismo, Milagres, Diplomacia, Entusiasmo e Fé.

Capítulo 11
Dinâmica do Jogo e Jogadas Sagradas

Preparação:

Após invocar a Madona Negra e o Divino Espírito Santo, posicione os quatro portais da iniciação de acordo com as quatro direções — Leste, Sul, Oeste e Norte — sobre uma toalha branca utilizada exclusivamente para este fim (o jogo). Usando seus símbolos (vela, vaso com água, planta ou cristal e incenso, forme uma cruz (consulte capítulo anterior, se necessário).

No centro da cruz, coloque um testemunho (objeto pessoal, foto ou pertence) do consulente (aquele que faz a consulta, que pode ser você mesmo). Peça um diagnóstico do que necessita confrontar e aceite o que sua intuição lhe diz para que cada Portal se abra e a proteção do Animal Sagrado possa se manifestar.

Para facilitar a interpretação, sugerimos que o consulente, meditando sobre o significado das cartas, pergunte a si mesmo: "O que necessito conhecer em mim em relação a este problema? Que a Madona Negra e o Divino Espírito Santo me permitam ver a luz e a sombra, para que eu possa encontrar uma solução" Formule as perguntas com clareza, como se elas pudessem admitir respostas do tipo SIM/NÃO. Perguntas complexas podem receber respostas confusas ou mesmo contraditórias. Para simplificar a leitura, obtendo dela o máximo esclarecimento, desdobre perguntas complexas em várias perguntas mais simples, por exemplo.

O consulente embaralha as quatro cartas correspondentes aos Animais Sagrados e as dispõe à frente de cada um dos portais, começando pelo Leste, Sul, Oeste e Norte.

Em seguida, o consulente embaralha as cartas correspondentes aos Dons do Espírito Santo, escolhe cinco delas e coloca as quatro primeiras à direita de cada portal, (sempre no sentido horário, a partir do Leste) e a última acima do testemunho que está no centro.

O consulente embaralha as cartas correspondentes aos Atributos da Deusa, escolhe cinco delas e coloca as quatro primeiras à esquerda de cada portal; a última é colocada abaixo do testemunho. (Veja esquema na pp. 105)

Interpretação:

O consulente, que já mentalizou a pergunta/situação específica que deseja consultar no momento, inicia o processo de interpretação a partir do Portal Leste, *Vida/*

XAMANISMO MATRICIAL

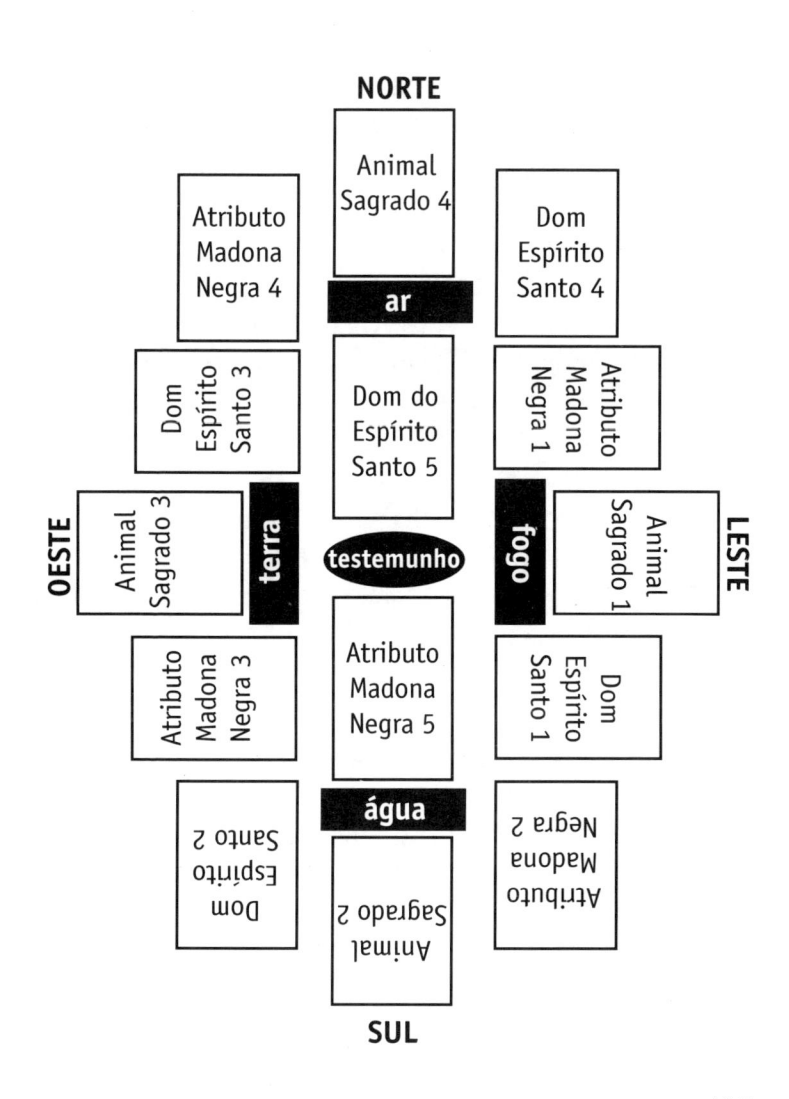

NORTE

	Animal Sagrado 4	
Atributo Madona Negra 4	**ar**	Dom Espírito Santo 4
Dom Espírito Santo 3	Dom do Espírito Santo 5	Atributo Madona Negra 1
OESTE Animal Sagrado 3	**terra** testemunho **fogo**	Animal Sagrado 1 **LESTE**
Atributo Madona Negra 3	Atributo Madona Negra 5	Dom Espírito Santo 1
Dom Espírito Santo 2	**água** Animal Sagrado 2	Atributo Madona Negra 2

SUL

Nascimento, abrindo a carta do Animal Sagrado da Madona Negra, pedindo sua proteção e interpretando seu significado naquele portal (Veja cap. 12). Na seqüência, abre a carta do Dom do Espírito Santo, à direita do portal e medita sobre seu significado. Protegido por esse Dom, abre a carta do Atributo da Deusa, comprometendo-se a exercê-lo de maneira prática, com o intuito de buscar a solução do problema. (Veja cap. 13). A tarefa principal, no Portal Leste, é abandonar o medo e o orgulho que o impedem de seguir adiante em sua jornada, uma vez que este portal representa o Nascimento e a Vida.

O consulente dirige-se então para o Portal Sul, *Emoções/ Afetos*. A tarefa principal, neste portal, é deixar de lado os julgamentos e se guiar pelo Amor. Como no Portal anterior, abre a carta do Animal Sagrado, do Dom do Espírito Santo e do Atributo da Deusa. (V. cap. 12 e 13).

No Portal Oeste, *Morte/Transformação/Germinação*, a tarefa principal é "desintegrar-se para depois integrar-se", ou seja, deixar ir os velhos preconceitos e ressentimentos para renascer plenamente. Repete o procedimento: abre a carta do Animal Sagrado, do Dom do Espírito Santo e do Atributo da Deusa, sempre comprometendo-se em realizar algo de imediato, usando tal atributo redentor (V. cap. 12 e 13).

No Portal Norte, *Recolhimento/Espera/o Prometido*, a tarefa principal é chegar à sabedoria da análise e síntese do processo, para que possam ser postas em prática, como recursos humanos, as três forças vitais (dinamismo, magnetismo e integração), o amor e o poder da responsabilidade para com o Outro. O procedimento se repete, abrindo-se a carta do Animal Sagrado, a do Dom do Espírito Santo e a do Atributo da Madona Negra que permitem refletir sobre suas atitudes neste momento de espera/recolhimento (V. cap. 12 e 13 para interpretação)

Na conclusão, o consulente abre a carta do Dom do Espírito Santo colocada no centro, à direita do testemunho; protegido por esse Dom, em seguida abre a carta do Atributo da Deusa, à esquerda, reafirmando seu compromisso. Esta última leitura traz a revelação/redenção para a questão formulada (V. cap. 12 e 13)

Outras Jogadas Sagradas
Meditação do Triângulo Sagrado (Diária)

Embaralhe as cartas dos Animais Sagrados. Escolha uma delas e reflita sobre qual aspecto de sua personalidade merece ser trabalhado neste dia (Ego/Animal de Poder, Sombra/Animal Negro, Mental/Animal Dourado, Espiritual/Animal Alado).

Embaralhe as cartas dos Dons do Espírito Santo e retire uma. Este dom deverá ser desenvolvido por você ao longo do dia. Embaralhe as cartas dos atributos da Madona Negra e escolha uma; este atributo irá protegê-lo em sua caminhada para alcançar o dom. (V. fig. pp. 108)

```
                    ┌─────────┐
                    │ Animal  │
                    │ Sagrado │
                    └─────────┘
              ASPECTO DA PERSONALIDADE
    ┌─────────┐              ┌──────────┐
    │ Dom do  │              │ Atributo │
    │ Espírito│              │    da    │
    │  Santo  │              │  Madona  │
    │         │              │  Negra   │
    └─────────┘              └──────────┘
  DOM A DESENVOLVER            PROTEÇÃO
```

Meditação da Cruz Sagrada (Semanal)

Embaralhe as cartas dos Animais Sagrados e escolha uma delas; coloque-a sobre a mesa e reflita sobre qual aspecto de sua personalidade deve ser trabalhado ao longo desta semana (Ego/Animal de Poder, Sombra/Animal Negro, Mental/Animal Dourado, Espiritual/Animal Alado).

Embaralhe as cartas dos Dons do Espírito Santo. Separe duas delas, colocando a primeira abaixo do Animal Sagrado e a segunda acima. A carta inferior representa o dom que lhe falta no momento; a superior, o dom que você deve alcançar neste período. Embaralhe as cartas dos atributos da Madona Negra; escolha duas delas, colocando a primeira à esquerda da carta do Animal Sagrado e a segunda à sua direita. A ausência do atributo à esquerda reforça a característica do dom em falta; o atributo à direita simboliza a força enviada pela Madona Negra para que você alcance o dom representado pela carta superior.

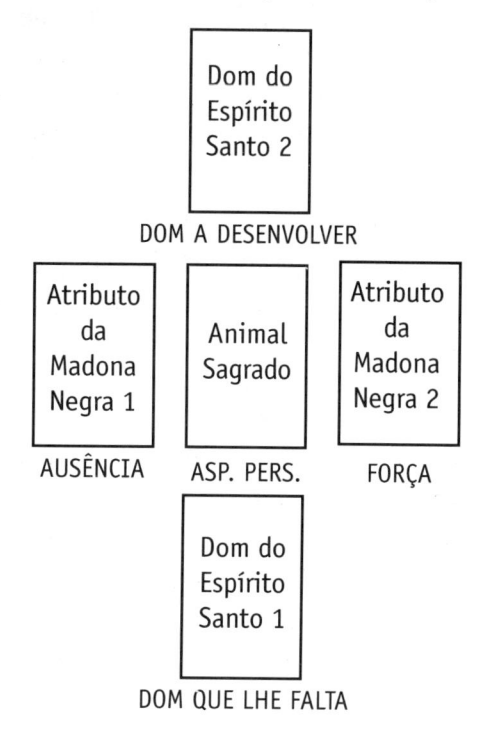

```
            ┌──────────┐
            │  Dom do  │
            │ Espírito │
            │ Santo 2  │
            └──────────┘
         DOM A DESENVOLVER
┌──────────┐ ┌──────────┐ ┌──────────┐
│ Atributo │ │          │ │ Atributo │
│    da    │ │  Animal  │ │    da    │
│  Madona  │ │ Sagrado  │ │  Madona  │
│ Negra 1  │ │          │ │ Negra 2  │
└──────────┘ └──────────┘ └──────────┘
  AUSÊNCIA   ASP. PERS.      FORÇA
            ┌──────────┐
            │  Dom do  │
            │ Espírito │
            │ Santo 1  │
            └──────────┘
          DOM QUE LHE FALTA
```

Meditação das Nove Cartas (Mensal)

Esta meditação propõe um caminho a ser percorrido durante todo o mês, sendo útil para questões que requerem soluções a médio prazo.

Formule sua questão com clareza. Em seguida, embaralhe as cartas dos Animais Sagrados e escolha uma delas. Coloque-a no Centro da Mesa. Esta carta representa o aspecto de sua personalidade que será trabalhado e reforçado ao longo deste mês (Ego/Animal de Poder, Sombra/Animal Negro, Mental/Animal Dourado, Espiritual/Animal Alado).

Embaralhe as cartas dos Dons do Espírito Santo e escolha quatro cartas. Coloque a primeira do lado esquerdo do Animal Sagrado e as outras três na fileira acima, da esquerda para a direita. A carta à esquerda (1) representa o Dom do Espírito Santo que lhe falta para alcançar o equilíbrio neste momento; as outras três (2, 3 e 4), da esquerda para a direita, representam os dons que virão auxiliá-lo(a) nas semanas subseqüentes (um Dom a cada semana).

Embaralhe as cartas dos Atributos da Madona Negra e separe quatro cartas. Coloque a primeira à direita do Animal Sagrado e as outras três formando uma fileira abaixo; disponha-as da esquerda para a direita. A primeira carta (1) representa o Atributo protetor da Madona para este momento. As demais, da esquerda para a direita (cartas 2, 3 e 4), os Atributos que você deverá praticar nas três semanas seguintes para receber, semanalmente, os Dons do Espírito Santo corrrespondentes.

Dom do Espírito Santo 2	Dom do Espírito Santo 3	Dom do Espírito Santo 4
AUXÍLIO 1	AUXÍLIO 2	AUXÍLIO 3
Dom do Espírito Santo 1	Animal Sagrado	Atributo da Madona Negra 1
FALTA	ASP. PERS.	PROTEÇÃO
Atributo da Madona Negra 2	Atributo da Madona Negra 3	Atributo da Madona Negra 4
PRÁTICA 1	PRÁTICA 2	PRÁTICA 3

Para todas as Jogadas

Consulte sempre o significado das cartas apresentados no capítulo seguinte para melhor compreensão de suas jogadas. Lembre-se: não é preciso decorar os significados, basta lê-los atentamente e meditar sobre como eles se aplicam às questões pré-formuladas. Use com sabedoria e respeito este instrumento sagrado que você tem em mãos; lembre-se de que as respostas apresentadas pelas Cartas Sagradas não trarão resultados se você não se dispuser à AÇÃO imediata por elas recomendadas. Portanto, reflita, medite e, acima de tudo, aja!

PARTE IV
Interpretação

O Capítulo 12 apresenta o significado dos Animais Sagrados em cada um dos Portais Xamânicos. No Capítulo 13, você encontra o significado das cartas que representam os Atributos da Madona Negra e os Dons do Divino Espírito Santo. A partir destas informações, a leitura de suas jogadas torna-se fácil, elucidando as questões pré-formuladas.

Capítulo 12
Os Animais Sagrados nos Portais

PORTAL LESTE - Interpretação

Animal Sagrado de Poder no Portal Leste

Se você tirou a carta do Animal Sagrado de Poder do Séquito da Madona Negra no Portal Leste, isto significa que seus aspectos egóicos, *persona* (máscaras), talentos (conhecidos e desconhecidos) e a sua criatividade, deverão estar à postos a serviço do que pede o Portal — Vida/Nascimento/Fertilidade.

Será um trabalho de autoconhecimento no qual o que mais conta é a forma cotidiana e personalista com a qual você está enfocando a questão posta.

Para que o Portal Leste se abra em Nascimento/Fertilidade e você possa receber as três forças vitais que o Fogo lhe oferece — dinamismo, magnetismo e integração — voltada a esta questão, você deve se comprometer a mudar os seus aspectos de ego desde os mais aparentes até os mais ocultos e encouraçados.

Animal Sagrado Negro no Portal Leste

Se você tirou a carta do Animal Sagrado Negro do Séquito da Madona Negra no Portal Leste, isto significa que seus aspectos de Sombra devem ser urgentemente conhecidos. Estes aspectos de Sombra representam o que você não aceita em você mesmo de negativo e projeta nos outros: sedução, egoísmo, hipocrisia, mentira, traição, manipulação, luta de poder, julgamento, etc.

Para que o Portal do Leste se abra trazendo o Nascimento da Luz e a Fertilidade à questão posta, se faz necessário um confronto com o lado sombrio para aprender com ele a grande lição: *você é falível*.

Corajosamente, precisa abrir mão do seu orgulho e do medo de não ser perfeito, aceitando suas limitações inerentes à questão proposta, abrindo-se para as soluções criativas que surgem quando aceitamos nosso Irmão Escuro, nosso lado sombrio. Ao lhe oferecer dinamismo, magnetismo e integração, o Fogo estará dando a força necessária para este confronto.

Animal Sagrado Dourado no Portal Leste

Se você tirou a carta do Animal Sagrado Dourado do Séquito da Madona Negra no Portal Leste, isto significa que seus aspectos mentais e o conhecimento adquirido ao longo de sua vida devem ser chamados para o diagnóstico e prognóstico da questão proposta.

Convém lembrar que, para o xamã, os aspectos mentais são sempre regidos pelo coração. O Fogo também se manifesta como a inspiração do Fogo do Espírito Santo trazendo a Luz da revelação e a capacidade de falar a língua do outro — o poliglotismo.

Para que o Portal Leste se abra em novos *insigths* que o levarão ao nascimento da solução da questão proposta, sua capacidade de análise e síntese deverá estar a serviço do coração. Só assim a visão mental da solução estará envolta no dourado do amor/sabedoria, que vai buscar na fonte do coração a tolerância, a flexibilidade e a misericórdia.

Animal Sagrado Alado no Portal Leste

Se você tirou a carta do Animal Sagrado Alado do Séquito da Madona Negra no Portal Leste, isto significa que deverá iniciar sua busca de solução da questão proposta sob um ponto de vista mais alto, espiritual e simbólico, que transcende o seu ego pessoal e cotidiano. Numa visão holográfica você se conectará com as forças que estão em jogo na questão proposta e irá buscar o diagnóstico da situação e a saída desta através da Força do Divino, num nível simbólico e transcendente, no mundo dos arquétipos. O Fogo, que é o elemento da transmutação por excelência, estará presente com seu magnetismo promovendo a integração do pessoal com o transpessoal.

Para que o Portal Leste se abra, trazendo a força transpessoal da solução em questão, você deverá praticar a entrega às forças sagradas. Entregue seu ego, sua sombra, sua mente e seu espírito. As Forças do Sagrado regidas pelo Fogo saberão distinguir o que é pessoal do que é transpessoal, trazendo à tona, transmutada, a força positiva do arquétipo envolvido na questão posta.

PORTAL SUL - Interpretação

Animal Sagrado de Poder no Portal Sul

Se você tirou a carta do Animal Sagrado do Poder do Séquito da Madona Negra no Portal Sul, isto significa que seus aspectos egóicos, *persona*, talentos (conhecidos e desconhecidos) e a sua criatividade deverão estar a postos a serviço daquilo que o portal requer — o encontro com suas emoções e afetos, algo extremamente difícil, pois estes são regidos pelas águas que turvam a visão clara. Será um trabalho de autoconhecimento por meio do qual o que mais conta é a forma cotidiana e personalista de como você administra suas emoções e afetos. Em que medida estes poderão estar desfocando o problema que diz respeito à questão proposta?

Para que o Portal Sul se abra em visão correta das emoções e afetos implicados na questão proposta, você precisa exagerar, dramatizar suas emoções e os afetos sombrios de ódio que toldam a visão de um coração pacífico. Procure transformar suas emoções na Força do Amor, que é o mais importante recurso humano que este Portal oferece.

Animal Sagrado Negro no Portal Sul

Se você tirou a carta do Animal Sagrado Negro do Séquito da Madona Negra no Portal Sul, isto significa que, por serem as emoções e afetos o campo mais propício para a proliferação da Sombra, os aspectos que você não aceita dificilmente serão detectados por sua visão turvada pela emoção que o impede de ver a situação com clareza.

Aquilo que você projeta no outro — sedução, egoísmo, mentira, julgamentos, traições, manipulações, luta de poder, hipocrisia, etc. — deverá honestamente procurar em você mesmo.

Para que o Portal Sul se abra, dando a conhecer seus aspectos de Sombra regidos pelas emoções e afetos, é necessário que haja um mergulho profundo no seu inconsciente para reconhecimento e aceitação da sua própria face escura. Só assim suas emoções e afetos se transformarão num trampolim que o(a) capacitará para mergulhar na grande Visão.

A enorme frustração que sentirá ao conhecer que é falível será recompensada pela grande Paz que o envolverá ao aceitar as limitações inerentes à questão proposta. A Força do Amor por você mesmo, relacionada à auto-estima e à dignidade, não lhe permitirá mentir para si próprio quando se sentir preso às armadilhas dos seus pontos cegos.

Animal Sagrado Dourado no Portal Sul

Se você tirou a carta do Animal Sagrado Dourado do Séquito da Madona Negra no Portal Sul, isto significa que seus aspectos mentais e todo o conhecimento adquirido ao longo de sua vida devem ser chamados a prestar uma análise crítica destituída de emoções e afetos para que surja o diagnóstico e prognóstico da questão proposta. Convém lembrar que para os xamãs, os aspectos mentais são regidos sempre pelo coração, pelo dourado do amor sabedoria.

Esta ligação mente/coração será feita pelo recurso humano da Força do Amor. Para que o Portal Sul se abra com devido balanceamento das emoções e afetos, você necessitará reunir toda capacidade de análise e síntese sob a ótica de um coração tolerante, flexível e amoroso, a fim de que novos *insigths* iluminem a solução da questão proposta.

Animal Sagrado Alado no Portal Sul

Se você tirou a carta do Animal Sagrado Alado do Séquito da Madona Negra, isto significa que deverá colocar suas emoções e afetos sob a égide transpessoal, sob um ponto de vista simbólico, espiritual e que transcende o seu ego pessoal e cotidiano. Você se conectará com as forças que estão em jogo na questão proposta e irá buscar no nível simbólico e transcendente, no mundo dos arquétipos, a solução através da força do Divino.

Para que o Portal Sul se abra, trazendo a força transpessoal que alquimiza as emoções e afetos no que diz respeito à questão proposta, você deverá praticar a entrega à força do Sagrado que, regida pelo recurso humano do Amor lhe permitirá entregar seu Ego, sua Sombra, sua Mente e seu Espírito. As forças do Sagrado saberão distinguir o que é pessoal do que é transpessoal, trazendo à tona, transmutada, a força positiva do arquétipo envolvido na questão proposta.

Portal Oeste - Interpretação

Animal Sagrado de Poder no Portal Oeste

Se você tirou a carta do Animal Sagrado de Poder do Séquito da Madona Negra no Portal Oeste, isto significa que seus aspectos egóicos, *persona*, talentos (conhecidos e desconhecidos) e sua criatividade deverão estar a postos, a serviço do que pede o Portal — morte e transformação.

Será um trabalho de autoconhecimento no qual o que mais conta é a forma cotidiana e personalista com a qual você encara as possibilidades de que deve morrer, e isto transforma-se na questão proposta neste jogo. Medite. O recurso humano que está à sua disposição é assumir o posicionamento, presença e comunicação que lhe ensinam o desapego através da perda dos laços, das estruturas e dos rumos excessivamente predeterminados.

O Portal Oeste só se abrirá com a sabedoria da morte e transformação, que o levará ao prometido, à medida que você se comprometa a mudar seus aspectos de ego, desde os mais aparentes aos mais encouraçados, respondendo a pergunta: "A quem serve a minha *persona*?" Deixe o ego se purificar no fogo sagrado da Verdade.

Animal Sagrado Negro no Portal Oeste

Se você tirou a carta do Animal Sagrado Negro do Séquito da Madona Negra no Portal do Oeste, isto significa que seus aspectos de Sombra, o que não aceita como seu de negativo e que projeta no outro — mentira, sedução, orgulho, egoísmo, traição, manipulação, luta de poder, julgamentos, entre outros — devem ser urgentemente reconhecidos. Nesta situação na qual a morte e transformação estão intimamente relacionados com a solução para a questão proposta, algo na sua personalidade deve morrer para dar espaço à transformação. E só com o confronto com a Sombra é que isto pode ser reconhecido e levado ao fim.

Para que o Portal Oeste se abra, trazendo a você as bênçãos da morte e da transformação, necessário se faz este confronto com seu lado sombrio. Você irá aprender com ele a grande lição da sua falibilidade. Corajosamente precisa abrir mão do seu orgulho e do medo de não ser perfeito e praticar a entrega em relação ao que deve morrer e se transformar nesta questão proposta. O confronto doloroso com a Sombra, nosso Irmão Escuro, é semelhante à descida a um poço profundo, de onde você irá submergir mais inteiro para a Luz e para a solução do seu problema.

Você conta com uma ferramenta poderosa para tal: o recurso humano da Sabedoria, que tem como estrutura a humildade. Seja humilde na Sabedoria e não se sinta humilhado pela situação que está vivendo.

Animal Sagrado Dourado no Portal Oeste

Se você tirou o Animal Sagrado Dourado do Séquito da Madona Negra no Portal do Oeste, isto significa que os seus aspectos mentais, desenvolvidos através dos conhecimentos recebidos em toda sua vida, devem ser chamados em relação ao que significa morte e transformação para a Mente no diagnóstico e prognóstico da questão proposta.

Para nós xamãs, o contato com a Mente passa necessariamente pelo caminho do coração; é a Sabedoria do Coração que virá sem julgamento ou retaliação. Desse modo, teremos sempre, após uma análise amorosa da situação, uma síntese destituída de julgamentos e centrada em valores fraternos e compassivos, atributos essenciais da Madona Negra.

Para que o Portal Oeste abra suas portas a você quanto à questão proposta, sua capacidade de análise e síntese deverá estar a serviço do Coração. Assim você terá uma visão precisa da rigidez que deve morrer e se transformar em flexibilidade, tolerância e amorosidade para que a solução do problema seja alcançada com o Amor e a Sabedoria do Dourado.

Animal Sagrado Alado no Portal Oeste

Se você tirou o Animal Sagrado Alado do Séquito da Madona Negra no Portal Oeste, isto significa que deverá buscar o que é a morte e transformação em relação à questão proposta de um ponto de vista mais alto. O animal voará com você para o campo do simbólico, espiritual e que transcende o seu campo pessoal e cotidiano.

Numa visão holográfica, você verá as forças arquetípicas e transpessoais que estão em jogo na questão proposta. Estas mesmas forças que podem estar dificultando o que deve morrer serão as impulsionadoras da sua libertação, via transformação, desde que invocadas nessa intenção clara. A força do Divino estará com você e o recurso humano que o portal oferece — a Sabedoria —, será ampliada como arquétipo e você terá, assim, ferramentas transpessoais que o auxiliarão a superar o problema.

Esta é a chave para que o Portal do Oeste se abra, mas você terá que praticar a entrega do seu ego, sua sombra, sua mente, seu espírito; o desapego às soluções imediatistas deve ser praticado. As forças do Sagrado não são regidas por tempo e espaço e a solução da questão proposta e sua transmutação virão no tempo e local certo.

Portal Norte — Interpretação

Animal Sagrado de Poder no Portal Norte

Se você tirou a carta do Animal Sagrado de Poder do Séquito da Madona Negra no Portal Norte, isto significa que seus aspectos egóicos, *persona*, talentos (conhecidos e desconhecidos) e sua criatividade deverão estar a postos a serviço do que pede o Portal: recolhimento, espera — o prometido, o que o levará ao seu real Poder. Você chegou a seu Norte em relação a questão proposta.

Agora basta perceber do que sua personalidade necessita para germinar como um todo. Tal qual uma semente, você deve se recolher e esperar que a questão proposta germine. Só você, através de seu ego, poderá fazer isso.

Algo está se preparando para uma iniciação. Como um ermitão ou um urso que hiberna, sua hora de recolhimento é chegada. Dali você sairá com a missão de mar car sua presença, seu posicionamento e sua comunicação verdadeira no mundo.

Para que o Portal Norte abra suas portas, você necessitará ter a humildade, em relação a esta questão proposta, de se quedar em recolhimento e saber esperar o momento propício para a germinação da solução. Só o seu ego pode fazer isto. Sua Sombra traz a descoberta do seu avesso, sua mente o ilumina e seu lado transpessoal o protege com as forças simbólicas do Sagrado. Mas só você é o condutor do seu Carro. Levante-se e viva — só você pode fazer isto!

Animal Sagrado Negro no Portal Norte

Se você tirou a carta do Animal Sagrado Negro do Séquito da Madona Negra no Portal Norte, isto significa que seus aspectos de sombra, aquilo que não aceita como seu de negativo e projeta nos outros — mentira, sedução, orgulho, egoísmo, traição, manipulação, luta de poder, julgamentos, entre outros — deve ser urgentemente reconhecido.

Nesta situação, na qual a germinação, o recolhimento e a espera estão intimamente relacionados com a solução para a questão proposta, um confronto com seu lado Sombra urge. Lembre-se que está no Norte a direção que orienta sua vida e que faz germinar as dádivas merecidas. Você deverá promover um alinhamento entre palavras e ações.

Para que o Portal Norte se abra, o Animal Negro é emblemático — olhe seu lado escuro e seja generoso com você! O lado escuro só é assim porque necessita de Luz. Coloque a Luz da sua honestidade e da sua Verdade sobre a questão e se auto-avalie.

Quais dos seus itens sombrios relacionados anteriormente estão envolvidos na questão proposta? Como você poderá, a partir do reconhecimento em si desses itens, acolher seu Irmão Sombrio e perdoar-se por ser falível e limitado?

Só assim você terá a força necessária para sair do poço profundo, que é uma sombra desconhecida, e encontrar a Luz que norteia sua Vida. Só após passar por isso você poderá honrar e respeitar a vida, seus limites e suas determinações verdadeiras.

Animal Sagrado Dourado no Portal Norte

Se você tirou a carta do Animal Sagrado Dourado do Séquito da Madona Negra no Portal Norte, isto significa que seus aspectos mentais desenvolvidos através dos conhecimentos recebidos ao longo de sua vida devem ser chamados para o diagnóstico e prognóstico ao que diz respeito ao recolhimento e espera na questão proposta.

Você está recebendo as forças da Mente Superior que, convém lembrar, devem ser unidas às Forças do Coração. Uma mente brilhante pode ser fria como gelo e necessita de calor do coração para derretê-la e humanizá-la.

Para que o Portal Norte abra suas portas aos caminhos do Poder que exigirão sua presença e posicionamento ao utilizar as forças do recolhimento/espera para a solução da questão proposta, necessário se faz um uso da mente clara, precisa e isenta de julgamentos.

Sua capacidade de análise e síntese vai propiciar um rumo que irá nortear o que, inteligentemente, você pode usar, como a esperteza da raposa; de posse do seu poder pessoal, basta esperar a germinação. O recolhimento é necessário para que as idéias possam florescer. Como dizem os índios brasileiros, *"o apressado come cru"*.

Animal Sagrado Alado no Portal Norte

Se você tirou a carta do Animal Sagrado Alado do Séquito da Madona Negra no Portal Norte, isto significa que você deverá pôr a espera, recolhimento e germinação no que diz respeito à questão dada, sob a égide da Visão transpessoal. Como o xamã teve de alçar os céus para descobrir o arquétipo do Sagrado e iniciar todo o despertar da consciência, seu Animal Alado do Norte levará você a um nível mais alto.

A partir desse nível, você poderá ter uma visão holográfica de toda a situação — o antes, o depois, quais seus aspectos pessoais de Sombra e os aspectos mentais que estão envolvidos na questão proposta. O animal alado lhe prestará a grande percepção do todo num nível simbólico, espiritual e transpessoal, e você entrará em contato com o Verdadeiro Poder que irá exigir sua Presença e seu Posicionamento.

Para que o Portal Norte se abra, trazendo-lhe uma visão final da questão proposta e conseqüente solução, você deverá ir ao mundo dos arquétipos, vendo qual arquétipo o está aprisionando e impedindo que a solução germine. Recebendo as forças arquetípicas do Sagrado, estas propiciarão a cura, solucionando a situação.

Você está sendo regido pelas leis da transpessoalidade, indo além do seu pessoal; encontrará a saída na comunhão da sua dor com a dor da Humanidade, na certeza que tudo passa para quem tem um coração compassivo.

Capítulo 13
As Cartas Sagradas - Interpretação

Este capítulo apresenta a definição dos atributos da Madona Negra e dos dons do Divino Espírito Santo. A descrição de cada carta revela o rico simbolismo dos elementos que a compõem. Na seqüência, o significado estabelece relações entre esses símbolos apresentando, em seguida, a interpretação da carta.

Adotando a metodologia comum à interpretação dos tarôs tradicionais, apresentamos um significado para a carta aberta na posição normal de leitura (que aqui chamamos "correta") e outra — geralmente contrária — para quando aparece de ponta-cabeça ("invertida").

Você não precisa decorar o significado das cartas, podendo recorrer sempre a este capítulo no momento de interpretar as jogadas. Para facilitar a interpretação, você pode fazer anotações (adote um caderno para esta finalidade, anotando sempre a data, a questão formulada e as respostas obtidas) e depois meditar sobre elas. Leia cuidadosa e atentamente, pois você será capaz de entender o que as cartas têm a lhe dizer; muitos *insights* poderão surgir durante sua interpretação.

Carta 1 - Criatividade

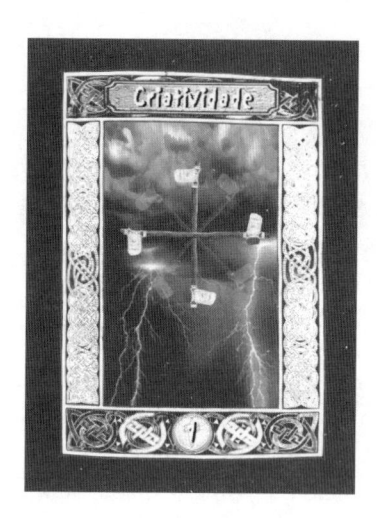

Descrição — As quatro direções sagradas mostram-lhe as infinitas possibilidades da Criatividade e o caminho da individualidade que o faz conhecedor dos seus reais talentos e poten-cialidades. Os raios significam o poder das forças da Natureza e a centelha sagrada da Criação.

Significado — A Criatividade é o Atributo da Madona Negra por excelência. Do mesmo modo que a mãe carrega no seu ventre o novo ser que está sendo gerado, a Madona Negra carrega, no Seu Ventre Sagrado, a centelha da criação como Força Primordial.

Numa livre metáfora, podemos simbolizar o centro da Força Criativa como um cristal vermelho rubi incandescente ou como um ônix em chamas. Ambos estão aos pés da Madona Negra e do Divino Espírito Santo, localizados bem no centro da Mãe-Terra, servindo a Eles.

A Criatividade diz respeito a todos nossos atos, desde o primeiro alento até o apagar da chama desta vida e o renascer em outro plano de existência. Se você permitir que este atributo esteja em sua vida em todos os momentos, estará escrevendo sua história pessoal como a mais divertida, alegre e bem acabada obra de arte. Por ser um atributo da Mãe Madona Negra que nos gerou, a Criatividade nos pertence por direito, somos Seus herdeiros diletos.

Interpretação

Posição correta — A carta da Criatividade indica o início de um projeto, capacidade de organizar o caos e de aceitar riscos; sua inteligência está alerta para novos significados.

Você foi abençoado(a) com a Criatividade; receba, pois, seu Poder de gerar esperança, fé e soluções inusitadas através da descoberta de novos talentos.

Posição invertida — Nessa posição, o significado revela que seu ego não está utilizando todas as possibilidades que lhe são oferecidas por sua Criatividade. Medite onde está seu bloqueio para as coisas novas. Aprenda a recomeçar com a lição que o erro traz e materialize seu desejo com a Força da Madona Negra, na manifestação do seu Atributo Criatividade, para a solução do seu problema.

Carta 2 - Intuição /Sabedoria

Descrição — A força instintual do cavalo, que parece voar, poderá ou não ser domada por você, assim como sua Intuição, que leva à Sabedoria.

A grande cabeça significa a potencialidade do Ser Intuitivo, cuja mente está permanentemente conectada com o Instintual e com o Sagrado.

Significado — A Intuição é uma das quatro funções, segundo Jung, que nos faz "funcionar" no mundo; é o talento dos que jamais fecharam as portas do Inconsciente Coletivo, a origem das Idéias para os artistas, os religiosos, os curadores, os xamãs e os criativos.

Aquele que abre o seu coração e ouve a voz da Madona Negra (que sempre se manifesta no coração como Intuição) e alia isto a uma capacidade de análise e síntese da situação, chegará à Terra da Sabedoria que, como leite, jorra do coração generoso da Madona Negra.

Interpretação

Posição correta — A carta da Intuição/Sabedoria significa que você receberá, através de sua Intuição, a orientação necessária para a solução da questão que o aflige.

Domará o cavalo da Intuição, com o auxílio da mente concreta, armazenando a sabedoria necessária para os seus intentos. Assim você aprenderá a difícil lição de distinguir o desejo da intuição. A confusão que se faz entre ambos leva o ego a seguir, muitas vezes, o caminho mais curto do desejo em detrimento da solução, talvez mais demorada e sofrida, que vem através da Intuição.

Posição invertida — Você precisa urgentemente ouvir o seu coração; por ele estar fechado, não lhe permite abrir seu canal intuitivo. Seus desejos estão falando mais alto e não lhe permitem ouvir a voz da Sabedoria; esta nos ensina que, em todos os embates, para ganhar, precisamos perder algo. Lembre-se: toda perda contém em si mesma um ganho — embora ainda desconhecido.

Carta 3 — Misericórdia

Descrição – A Grande Deusa do período paleolítico, com suas generosas nádegas, barriga e sexo avantajado, segura a esfera do fogo sagrado da misericórdia. Sua forma física revela sua capacidade infinita de parir Misericórdia para os seres sencientes animados e inanimados. A seus pés, a Terra e a Humanidade tornam-se leves e transparentes.

Significado — Possivelmente a misericórdia é o atributo mais nobre com que a Madona Negra pode nos presentear! É o primeiro atributo que brota num coração que inicia seu caminho em direção à Luz.

Só aqueles que conhecem sua humanidade, suas limitações e seus talentos podem ter a nobreza de serem misericordiosos consigo mesmos e com os outros.

A misericórdia é mais ampla que o perdão e vem realmente da força da bondade profunda e perene da nossa Mãe Madona Negra. É o apanágio dos deuses e dos reis que, por terem o poder de vida e morte, concediam ou não o perdão a seus súditos. Quando mal usado, tal perdão se revertia em perda de poder e morte, como tão bem retratado nas tragédias gregas da Antigüidade.

Interpretação

Posição correta — A carta nesta posição indica que você contará com a Misericórdia, mas terá primeiro de ser misericordioso consigo mesmo.

A Misericórdia da Madona Negra é infinita, mas ela só é alcançada por quem tem o canal misericordioso aberto. Vá ao seu coração e medite: você tem misericórdia para com os que lhe cercam? Abra-se para receber e ser misericordioso que você é; assim, a solução do seu problema logo virá. Lembre-se: a Misericórdia traz o Perdão.

Posição invertida — Enquanto você não tiver consciência de sua falta de Misericórdia para com você mesmo ou para com os outros, o seu objetivo não será alcançado. Busque, sem a emoção descontrolada que neste momento domina sua capacidade de refletir, a causa de sua dificuldade de perdoar.

Carta 4 - Tolerância

Descrição — Um grande círculo solar feito dos semblantes de homens e mulheres ilumina os seres de boa vontade que zelam pela Paz na Terra. Sob sua proteção, as diferenças de raças e credos tornam-se inexistentes dando lugar à Terra prometida, de onde jorra o leite e o mel.

Significado — A Tolerância faz cantar o nosso coração. Aquele que é tolerante tem um espírito leve, cheio de esperança e boa vontade, respirando felicidade.

A Madona Negra, que acolhe em seu seio o virtuoso e o pecador, o verdadeiro e o falso, possui a alquimia da harmonização dos opostos. Ela não julga, não toma partido, sempre perdoa e acolhe todos os seus filhos no seu coração. Ela sabe que em cada ser humano corre o sangue das quatro raças: vermelha, negra, amarela e branca e que somos um em todos. Mas é necessária a entrega total à Tolerância para que não haja o perigo da inflação do ego, de tolerarmos porque somos melhores, perfeitos, acima de qualquer preconceito — o que não é a Verdade!

A Tolerância é prudente, suave como uma pluma; e traz ao nosso coração a serenidade através da qual, todas as noites, entregamos o nosso destino aos nosso sonhos, pois conhecemos que jamais seremos perfeitos, mas sim completos, integrando luz e sombra.

Interpretação

Posição correta — A carta da Tolerância significa, sob um aspecto mais amplo, a união dos opostos. Para obter o seu intento você receberá a força necessária para harmonizar seu lado de luz com seu lado de Sombra, seu feminino com seu masculino, seu amor com seu ódio. A Madona Negra lhe outorga este poder que só os humildes de coração possuem.

Posição invertida — Você precisa meditar sobre os seus opostos. Por ser preponderante, um deles está impedindo que você beba a Sabedoria da Tolerância. Entregue este oposto ao fogo transmutador do Espírito Santo e sacrifique um aspecto do seu Ego que ainda não aceita percorrer o caminho do autoconhecimento e do autosacrifício.

Carta 5- Liberdade

Descrição – Uma grande espiral, na qual se vê, ao fundo, o globo terrestre circundado pela luminosidade do dourado. Neste globo os filhos dos Homens lutam para ser livres. Livres de seus Egos, suas ambições, medos e revoltas. Que este atributo da Madona Negra traga-lhes a energia necessária para quebrar os grilhões da Servidão Humana.

Significado — Não há dignidade sem liberdade. O caminho da evolução se faz com a mola propulsora da liberdade: o livre arbítrio. No momento em que o ser humano, despertado pelo xamã, resolve deixar o Éden e ganhar a Consciência, instala-se a liberdade como nosso guia nesta grande jornada.

A liberdade, tal qual o ar que respiramos, não nos pode faltar. É ela que outorga a força à criança para dar os seus primeiros passos. Ao adolescente, ela traz a força para viver as utopias de transformação das sociedades em que vivem. E dá aos anciãos a riqueza de sua dignidade por ter tido uma vida de respeito à sua liberdade pessoal e a do outro.

A liberdade é o sangue que circula no nosso espírito, nos impele à ação e abre as fronteiras do nosso coração, nos fazendo ver a todos iguais e igualitariamente. Que este atributo da Madona Negra lhe traga a energia necessária para quebrar os grilhões da Servidão Humana.

Interpretação

Posição correta — A carta indica que você terá uma excelente oportunidade de exercer o seu livre arbítrio. Receberá a força da dignidade por saber dos seus direitos e deveres. E tudo se resolverá sem criação de carma, porque você está respeitando sua liberdade e a do outro.

Posição invertida — Neste caso, você está sendo um algoz de você mesmo ou da pessoa envolvida nesta questão. Saber distinguir o que é seu de direito do que é do outro, permitirá a você viver, na prática, a sabedoria de que "a sua liberdade termina quando a liberdade do outro começa".

Carta 6 - Concórdia

Descrição — As mãos generosas da Madona Negra seguram o globo terrestre. As duas mãos, esquerda e direita, iqualitariamente oferecem solução aos problemas da Humanidade, indicando que devemos integrar nossos aspectos positivos e negativos e deixar surgir uma terceira via de soluções para os problemas.

Significado — Este é o mais simples atributo da Madona Negra e o mais esquecido dos seres humanos. Este ato tão singelo e tão complexo de executar pode ser descrito nesta analogia.

Se você estender sua mão esquerda para seu oponente e a mão direita dele recebê-la, o primeiro passo para a concórdia está estabelecido. Seu ponto de vista pode ser tão diferente do dele como a mão esquerda difere da direita. Mas ambas são iguais na forma, e juntá-las faz surgir a terceira opção, a "terceira mão", que é a Concórdia.

A energia da Concórdia na vida diária assemelha-se a uma disputa em que só há um vencedor — é vencer *ou* vencer. Quando cada um dos oponentes cede um pouco para que surja a terceira opção, seguindo o caminho do coração, isto indica a vitória de ambos — vencer *e* vencer.

O grande empecilho para se obter a Concórdia é o orgulho e a dificuldade de ceder. Só com o autoconhecimento e o desejo de transcendência do ego pode-se atravessar o Arco da Concórdia.

Interpretação

Posição correta — Esta carta indica que você obterá a solução que procura porque está regido pela energia da Concórdia — ceder para vencer e vencer irmanamente para aceitar também a vitória do outro.

Posição invertida — Deixe sua teimosia e se abra para a verdade do outro. Ser dono da verdade não o(a) levará, na sua viagem no barco da vida, a nenhum porto seguro.

Carta 7 - Alegria

Descrição — Num baixo relevo, a Grande Mãe/Madona Negra observa as oferendas que os humanos lhe trazem como testemunho de sua gratidão: fogo, alimento e o cálice que contém um atame, simbolizando a transcendência da matéria. Numa Esfera luminosa, um homem e uma mulher dançam a dança da vida, cujo ritmo é a Alegria.

Significado — A Alegria é o mais vivo atributo da Madona Negra, é o sal da vida e o sol da alma. Do sorriso da criança automaticamente emana uma energia que nos desperta sentimentos profundos de amor, de proteção, carinho e retribuição. Assim funciona o despertar da energia contagiante da Alegria.

A Alegria acende o espírito, traz uma auréola de luz, de eterna juventude, da elasticidade ao corpo e paz ao coração. Um coração cheio de alegria não comporta ódios e ressentimentos. A amizade é irmã gêmea da alegria, e a paz, o seu território. A Alegria é sábia e serena e este atributo da Madona Negra está muito próximo de nós. A Alegria eleva nossos corações aos Céus em qualquer manifestação da sua energia. No riso das crianças, na arte dos artistas, na magia dos esportes. Ela é o melhor antídoto contra a depressão da qual o indivíduo vai saindo aos poucos, à medida que a luz dourada da alegria começa a iluminar o seu cinza-escuro, que tal qual um charco, aprisiona o desejo de viver.

Interpretação

Posição correta — A carta indica que você entrou no fluxo de dar e receber, qualidade da Alegria por excelência. Esta energia é contagiante porque faz nascer no outro a mesma sintonia de plenitude irradiante — a alegria de viver. Com esta ferramenta e parceria podemos pintar todos os quadros da Vida.

Posição invertida — Você precisa retirar do seu coração a pedra da amargura criada pela raiva e pelo ódio, que impede o fluxo da energia de viver. O riso é a menor distância entre os seres humanos e quebra todas as barreiras — sorria para seu coração e deixe entrar a luz que dissolve todo ressentimento.

Carta 8 - Justiça

Descrição — Uma mandala espiralada indica que a Justiça segue a lei inexorável da evolução e que sempre será feita! O deus primitivo contracena com a silhueta de um homem que traz uma arma-bastão em uma das mãos. O deus nos fala da Justiça dos Homens, regida pelas leis aparentes, nem sempre reais, representadas pelo animal roxo.

Significado — A Justiça, o mais nobre dos Atributos, foi esquecida pelos humanos. Estes se digladiam desde guerras étnicas e religiosas (em nome de Deus) às lutas pelo poder. O poder mais torpe se manifesta na exploração dos que, gananciosamente, mantêm o domínio econômico sobre a população desfavorecida.

Este paradoxo da Humanidade, a falência da Justiça, decretou sua descrença. Mas esta é a falência da Justiça dos Homens, que feita pelas suas próprias mãos torna-os "justiceiros", a serviço da ausência de Luz, em detrimento do Homem Justo que herdará o Reino do Céu.

A Justiça pressupõe a Fé, pois só esta pode criar uma grande corrente de Luz que unirá todos os homens e mulheres de boa vontade.

Com as bênçãos da Grande Deusa/Madona Negra — patrona dos excluídos, das minorias e daqueles que ousam ser diferentes, estes homens e mulheres renovarão a face da Mãe Terra, trazendo a Justiça do Deus-Deusa à Justiça dos Homens.

Interpretação

Posição correta — Esta carta lhe dá a certeza de que é justo que você obtenha a vitória na questão proposta. Consulte a energia do Portal da direção sagrada e do Animal Sagrado da Madona Negra e veja qual a força específica que ele está trazendo — se Egóica, se de Sombra, Mental ou Transpessoal. Com toda esta ajuda e força de Vontade, você será abençoado pela Justiça.

Posição invertida — A energia da Justiça está às suas ordens. Mas, algo do seu ego, da sua personalidade, da sua Sombra ou algo arquetipicamente transpessoal está bloqueando o fluxo deste atributo da Madona Negra. Faça uma reflexão de autocrítica e descubra o que você precisa mudar urgente para merecer que a Justiça seja feita.

Carta 9 - Perdão

Descrição — A espiral da evolução, onde nossas leis estão impressas, atesta o perdão que temos que dar a nós mesmos e ao Outro. A figura humana que mergulha um ser em água purificada, traz a esperança de que haja perdão para todos. Os pares de mãos no topo da carta, apesar de opostos, se rendem à união e ao divino perdão da Madona Negra.

Significado — Só a Madona Negra pode ampará-lo com sua infinita Misericórdia. E todos aqueles que foram feridos pela traição e que queiram alcançar a grande dádiva do Perdão, devem orar à Madona Negra:

"Minha Mãe, Madona Negra, perdoa-me por ainda não conseguir perdoar totalmente. Comprometo-me a, somente por hoje, perdoar".

O perdão é a centelha divina nos nossos corações e faz parte do "Eu Sou".

Interpretação

Posição correta — O que você pede será concedido: seja a sua capacidade de Perdoar ou a de seus inimigos, que ao se arrependerem, implorarão pelo seu Perdão.

Você está sendo abençoado(a) com a união dos seus aparentes opostos e a capacidade de se render ao seu coração. A fim de alcançar tal graça, precisa de purificação e disciplina para que este atributo chegue com toda a potencialidade que lhe permitirá perdoar verdadeiramente. Faça um ritual de purificação e eleja uma difícil disciplina para seu ego como conduta diária.

Posição invertida — É realmente muito difícil perdoar. Mas, para alcançar o que você deseja, sua questão específica, terá que colocar toda sua energia neste atributo da Madona Negra. Lembre-se do que os Kaúnas nos ensinam: "onde a atenção vai, a energia flui".

Consulte a energia deste Portal e a do Animal Sagrado da Madona Negra para saber qual a força específica com a qual você deve enfocar o problema: se egóica, de sombra, mental ou arquetípica–transpessoal. Disciplina e força de vontade andam juntas para solução deste problema e de todos os que envolvem o Perdão.

Carta 10 - Compaixão

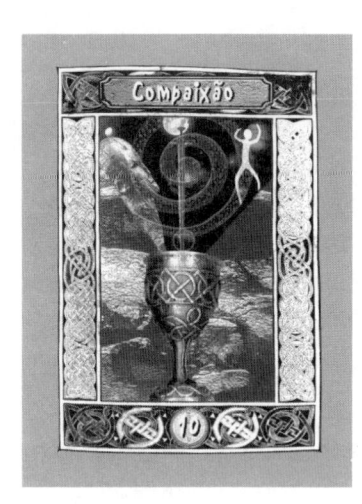

Descrição — Um cálice se destaca imponente, símbolo máximo do feminino. Tem como base o solo verde da esperança, ancorado num pilar de luz roxa, que nasce de uma bolha que sai do cálice e se conecta com uma esfera branca no alto. Uma espiral em sua eterna evolução é assistida à direita pelo homem e à esquerda pela Madona Negra.

Significado — O mais conhecido atributo da Madona Negra possui uma forte energia búdica e é através do budismo que ele é difundido na humanidade. Muitas vezes confundida com piedade ou resignação, a compaixão, ao contrário do que vulgarmente se pensa, tem uma contundente energia de luta, de parceria, de ideais afins. Compaixão significa você ombro a ombro com seu parceiro, oferecendo-lhe Paixão.

Paixão, sentimento ardente geralmente associado ao sexo e ao prazer, é também uma energia do fogo kundalini que nos incendeia com metas, entusiasmo e entrega às causas nobres. E a causa mais nobre que podemos abraçar é nos identificarmos com o sofrimento do outro, tendo compreensão total dos seus sentimentos e estando ao seu lado "com paixão".

Interpretação

Posição correta — Abra seu coração e deixe a energia da Compaixão circular entre você e a pessoa ou causa que está envolvida na questão proposta. Lembre-se de que compaixão é uma energia dinâmica e feminina; com este atributo, parta para uma ação de paz.

O que você deseja está ancorado na Mãe-Terra e conectado com o Pai-Céu, tendo como moto-contínuo a espiral da Evolução. A Madona Negra o(a) abençoa, mas é com suas características humanas que você tem que materializar a compaixão. Dance a dança da vida e beba do cálice da Compaixão.

Posição invertida — Apesar da Compaixão estar vindo para solucionar seu problema, você não está completamente aberto(a) a este Atributo da Madona Negra. Pense um pouco na eterna impermanência tão cultivada pelos budistas e deixe que sua vida corra como um rio. Ele não deve ser apressado pois corre sozinho e dentro do seu próprio ritmo chega ao mar.

Carta 11 - Beleza

Descrição — A mais bela configuração da Mãe Natureza/Madona Negra é a árvore. Aqui ela aparece sobre um solo transparente, alimentando-se com a energia do fogo — o Sol Negro da Luz — que vem do centro da Terra, reino da Madona Negra e do Espírito Santo. Um sol vermelho, reflexo do Sol Negro da Luz, ilumina e norteia a Humanidade.

Significado — Beleza! Ela se encontra na Mãe-Natureza e está entre nós em todos os momentos fantásticos, coloridos, harmoniosos que deleitam nossos olhos e nosso espírito, elevando nossos corações.

A beleza é alegre, acende nossos corações de paixão, desejo de preservação, inspira a criatividade e a cura. A beleza é eterna e traz o sagrado na sua eternidade. É o que se pode sentir através das obras de arte que nos levam a conectar com o coração da Grande Deusa, Madona Negra, fonte de toda a manifestação.

Nós, sacerdotisas e sacerdotes da Grande Deusa/Madona Negra servimos à beleza e somos guardiães da integridade da Mãe-Natureza, velando para que esta esteja sempre envolvida numa mandala protetora de luz e Harmonia que traz a Paz aos Corações dos Homens.

Interpretação

Posição correta – Se você foi agraciado(a) pelo Atributo da Beleza na questão proposta, contemple a imagem desta árvore. Ela recebe seiva do fogo e ajuda refletir o sol negro da luz através de sua copa frondosa, alquimizando a matéria em luz. Você está em sintonia com esta energia que tem a capacidade de trazer Eros para a vida cotidiana. Sinta a força orgástica da beleza, deixe-a impregnar seus sentimentos, pensamentos, palavras e obras e comece a transformar o que lhe rodeia. Sinta o fogo da Kundalini subir do seu chacra básico à sua coroa e abra-se para a Criatividade de viver que se revela na beleza.

Posição invertida — Só você pode mudar esta situação: a vida está lhe dando um presente que você não vê. Abra seus olhos para a beleza. Ela está trazendo esta força transformadora que aumenta a auto-estima e a espiritualidade. Consulte seu Portal e seu Animal Sagrado e verifique que força você precisa acionar para desenvolver sua beleza de alma. Acredite: seu Ego, sua Sombra, seu Mental ou sua Transpessoalidade podem ajudá-lo(a)!

Carta 12 — Profecias/Visões do Passado

Descrição — Um grande deus de pedra olha monolitos que contam a história do mundo, o que irá acontecer e o acontecido. A comunhão da Terra com o Céu torna-se uma grande manifestação do fogo criativo do Espírito Santo, que atua permanentemente, trazendo-nos a energia da transmutação.

Significado — O Divino Espírito Santo, ele mesmo uma profecia do Cristo ("Eu lhes enviarei o Espírito da Verdade"...), é a Grande Energia por trás de todas profecias. Não é por acaso que, das previsões das pitonisas da Grécia Antiga às modernas profecias de Nostradamus, sua forma enigmática e emblemática seduz a Humanidade, levando multidões à histeria.

Através destas Cartas Sagradas, esta sua face vai se revelar no nosso cotidiano, trazendo o fogo intuitivo da reflexão que permite, através de dados observáveis do passado, profetizar o futuro. Comportamentos repetitivos e mandatos escravizantes nos levam a um *script* predeterminado. Que a energia criativa da Madona Negra e a força transmutadora do Divino Espírito Santo possam ser a centelha divina que deflagra o fogo da transmutação nessa previsibilidade paralisante.

Interpretação

Posição correta — Você foi abençoado com a sensibilidade de poder ver através da percepção lúcida, sem a venda que nos é colocada nos olhos pela emoção extremada. Entre em contato com o seu verdadeiro ego, e "profetize" o seu comportamento futuro.

A visão do passado determinará sua real compreensão dos mandatos que forjaram o seu destino até agora; assim, os caminhos para a Liberdade serão abertos. Não descarte a possibilidade de ter sido chamado pelo Espírito Santo para ser um autêntico profeta que lê o futuro e o passado; se assim for, prepare-se para um árduo trabalho em prol do próximo.

Posição invertida — Você está desperdiçando este dom, que no cotidiano nos dá a previsão do futuro e, no plano da Alma, nos faz profetas. Talvez o medo de ter de assumir sua missão de alma esteja bloqueando esta grande dádiva do Espírito Santo, impedindo-o(a) de alcançar a solução da questão proposta.

Carta 13 - Fé

Descrição — Em primeiro plano, vê-se uma forja sendo usada por um vulto feminino. A Terra, o solo sobre o qual a forja está assentada, transforma-se numa luz azul, a criação do globo terrestre. O fogo do Espírito Santo, sem o qual não existe a fé, circunda o globo, afastando as trevas.

Significado — O quadro nos traz a afirmação de que a fé tem que ser forjada através da força de vontade (azul) e alimentada pelo fogo (vermelho) do Espírito Santo. "A Fé remove montanhas". Este conhecido adágio popular que provém de ensinamentos bíblicos nos traz, com toda sua simplicidade, a tremenda força da Fé.

Sem o dom da Fé nada realizamos. É ela que move as transformações necessárias à humanidade e que chega até nós como os sonhos realizados dos visionários, eles mesmos sacerdotes da Fé inquestionável.

A Fé nos dá a meta, a força, a intenção clara do que desejamos alcançar. O que difere um vencedor de um perdedor na luta pela vida é uma questão de Fé.

Fé num Credo, num Princípio, numa Filosofia de vida. Fé nas nossas possibilidades, nosso talento, nossa capacidade de mudar. Fé no Ser Humano, no seu Coração Crístico e, acima de tudo, Fé na nossa chama criativa do Divino Espírito Santo. E isto nos faz acreditar, apesar de todos os contrários, que o Ser Humano é um Ser Divino que voltará a pertencer à Totalidade.

Interpretação

Posição correta — Esta carta indica que você será vencedor(a) de qualquer pendência em relação ao foco da sua questão: amor, trabalho, saúde, pendências judiciais, etc. As "montanhas" estão sendo removidas e em breve o resultado do que você forjou será alcançado.

Posição invertida — O que lhe falta para ter fé absoluta? O dom lhe está sendo oferecido, mas algo exclusivamente seu impede a sua vitória. Examine em que portal sagrado sua questão posta está ancorada: leste, sul, oeste, norte. Consulte o animal sagrado correspondente ao portal e descubra o que precisa ser trabalhado: seu Ego, sua Sombra, seu Mental ou os aspectos Transpessoais/Arquetípicos.

Carta 14 – Clarividência

Descrição — Um ser grotesco, com cabeça desproporcional ao corpo, olhos exageradamente grandes e abertos, braços maiores que o corpo e as pernas, ocupa toda a carta. Este ser é um arauto do desconhecido que tem olhos para ver realidades que não pertencem ao cotidiano, sendo, por isso, assustadoras!

Significado — A Clarividência, ardentemente desejada por todo vidente e curador, nos vem do Espírito Santo e é um dom com o qual ele presenteia seus filhos privilegiados, amados, de quem muito exige.

Clarividência clama por Sabedoria e o Espírito Santo exige um preço alto a quem foi agraciado(a) com este dom. Esta pessoa tem um compromisso com o "Serviço" que rege a evolução da Grande Corrente dos Seres. Seu destino não lhe pertence, pois ele é um sacerdote do Espírito Santo e está a serviço da Humanidade.

O clarividente perde a visão do mundo e ganha, em contato com seu interior, a luz da Verdade. Este dom só pode estar a serviço da cura e possuí-lo traz um confronto muito grande do nosso ego com o Poder. Mas, na vida cotidiana daqueles que receberam este dom, como a clarividência se manifesta?

A capacidade de ver claramente está associada ao quanto conhecemos do nosso lado escuro. Se temos luz na nossa Sombra, não projetamos nossos defeitos e limitações no Outro, não encobrimos a verdade pela negação da realidade que nos é dura e penosa. A recompensa daquele que "vê" e se responsabiliza pelo que planta é a colheita abundante e abençoada, pois os bons frutos provêm de sementes sadias e luminosas.

Interpretação

Posição correta — Olhe para esta situação com os olhos da alma. Abra seu coração e procure distinguir, com a Sabedoria da Verdade, o que é real do que é imaginário. Lembre-se você é responsável por sua colheita.

Posição invertida — Seus olhos não querem se abrir para ver o que realmente ocorre. Verifique seu lado oculto, talvez desconhecido, e você achará a pista que o levará à aceitação da situação e solução do problema.

Carta 15 - Milagres

Descrição — Um ser humano forte e poderoso, purificado pelo fogo do Espírito Santo, se prepara para penetrar em um portal tão antigo como as pedras das quais foi feito. Atravessar este portal concede a ele "O Milagre", aquele que recebemos através da Graça Divina e que só é disponível à quem tem Fé.

Significado — Só um coração que não duvida, capaz de crer com a inocência sábia de uma criança, pode atravessar este portal tão solicitado pela humanidade. A vida é feita de pequenos e grandes milagres. Devemos ter olhos para ver os pequenos milagres do cotidiano, pois honrá-los nos familiariza com a Gratidão.

Os grandes milagres da vida como possuir saúde, harmonia, amor correspondido, prosperidade, entre outros, também são honrados raramente, e muitas vezes só são percebidos como milagrosos quando os perdemos.

Conhecer nossa precariedade humana e nossa falta de humildade em relação à gratidão por tudo que temos é o caminho que nos leva ao Milagre. Para alcançá-lo, devemos: agradecer como se tivéssemos recebido o milagre que desejamos; praticar a entrega à força milagrosa do Espírito Santo e ao poder da Madona Negra, que materializa o milagre; e confiar, pois confiança é a palavra e o sentimento maior que deve prevalecer.

Interpretação

Posição correta — Confie e entregue, o seu Milagre já está sendo concedido. Você soube ter Fé, olhos para Ver e, acima de tudo, Gratidão. Você honra a vida contando as graças recebidas e aceitando as intempéries sem dramatizar ou desanimar. Por isso, esse Milagre que faz parte do seu Projeto de Alma, mesmo que ainda não seja conhecido, em breve vai se delinear e tomar as rédeas do seu destino.

Posição invertida — O que lhes falta, homens e mulheres de pouca Fé? Nem sempre o projeto de alma corresponde ao seu projeto de vida. Peça o milagre a que você tem direito, pois o que você deseja pode não ter sido acordado entre você e os Mestres do Destino quando sua reencarnação foi decidida. Lembre-se do adágio popular: *"Deus escreve certo por linhas tortas".*

Carta 16 – Poliglotismo

Descrição — O imenso monolito nos remete à tradição xamânica, de acordo com a qual cada um de nós tem um grande monolito no Vale da Vida, onde nossos mandatos estão escritos. Através do autoconhecimento, é possível apagar o que não nos serve e escrever nossa própria história. Uma alameda honra o monolito, que contém nele mesmo a sacralidade da árvore e sua perenidade de crescimento e frutificação.

Significado – Poliglotismo ou o dom da Palavra é o dom mais desejado pelos doutrinadores. Tomados por um temor numinoso de espanto, mistério e magia, aqueles que o recebem sentem que não são donos de suas palavras, que parecem fugir-lhes ao controle.

Este dom foi o instrumento responsável pela difusão do cristianismo. Incultos pescadores, depois de receberem as línguas do fogo do Espírito Santo, saem pelo mundo falando todas as línguas existentes na Antigüidade. Eles doutrinavam e convertiam com a força do Entusiasmo e o dom dos Milagres. Mas para nós, os seres da modernidade, o que nos reserva o Poliglotismo?

Este é o grande dom que vai nos permitir reescrever o nosso monolito. Inicialmente falando nossa própria língua, decodificando nosso interior, respondendo à pergunta: "quem sou EU?". Na medida que você é fiel a si mesmo e à sua fala, torna-se capaz de decodificar a fala do outro.

Falarão a mesma língua e você ouvirá o que o outro está dizendo, não apenas o que você quer ouvir. Você escreverá seu próprio destino, apagando os mandatos que não servem a um coração que possui a capacidade de falar e de ouvir todas as línguas do próximo mais próximo.

Interpretação

Posição correta — O Espírito Santo lhe concede a dádiva da empatia. Você será capaz de se colocar no lugar de todas as pessoas envolvidas na questão proposta, entender e falar a mesma língua delas.

Posição invertida — Verifique os seus desejos e perceberá que eles estão trazendo um ruído que impossibilita a boa comunicação com a pessoa envolvida no problema que você quer resolver. Ouça desarmado, só assim você alcançará a Empatia — a arte de sentir o Outro.

Carta 17 - Entusiasmo

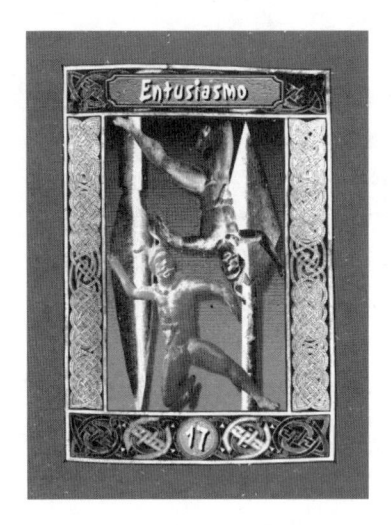

Descrição — Num fundo vermelho intenso, duas figuras se destacam, uma dourada outra verde. Praticam um balé acrobático ladeadas por dois pilares que são pontas de lanças – uma para baixo, outra para cima. Vemos força, beleza, ação, movimento e prontidão para uma luta que não segue o padrão habitual de uma batalha, mas se caracteriza por esperteza, agilidade, cooperação e harmonia.

Significado — O ápice do orgasmo contém a essência do entusiasmo. O entusiasmo é uma força orgástica que envolve todas as atividades e comportamentos humanos. O entusiasmo, como o orgasmo, faz nosso sangue circular mais rápido e nossos olhos, espelhos de nossa alma, brilharem de luz divina. Estar tomado pelo Entusiasmo (energia similar à Paixão) é ter seu espírito incendiado por sons, perfumes e cores, transformado no Fogo Sagrado de Eros, do qual nasce a criação à serviço da Humanidade.

Se você foi tocado pelo Espírito Santo com o dom do Entusiasmo, esteja preparado para ser um inspirador de todos que o(a) cercam e procure corresponder a esta grande responsabilidade.

O entusiasmo colore a vida e contém os dons da Fé, Milagres, Poliglotismo, Diplomacia, Clauriaudiência (pois você falará e ouvirá a real fala do outro) e Cura. Ele também vem eivado dos atributos da Madona Negra: Alegria, Beleza, Criatividade, Intuição e Sabedoria, Liberdade, Tolerância, Concórdia, Harmonia e Perdão.

Através do Entusiasmo, nos transformamos num grande imã que atrai e aglutina. Atraídos pela luz que emanamos e aglutinamos, realizamos missões impossíveis, tais como despertar a humanidade do seu sono letárgico e levá-la às grandes transformações que nos estão sendo oferecidas.

Interpretação

Posição correta — Você está completamente mergulhado na intenção clara do que deseja resolver. Não poupará esforços para atingir seu objetivo; você terá o poder de falar e ouvir a real fala do outro, tornando-se disposto a colaborar para que toda e qualquer dificuldade seja removida.

Posição invertida — O que está acontecendo com o seu Entusiasmo? Ele está aí, em suas mãos, e você não está conseguindo se contagiar com ele! Talvez lhe falte a coragem de assumir a responsabilidade de seus atos — como projeto de vida ou como projeto de alma.

Carta 18 – Exorcismo

Descrição — Um ser dourado toca um tambor num ritual de exorcismo. Ele está possuído por um fogo sagrado, cuja fumaça sai de sua boca. Quatro gigantescas faces de ancestrais lhe dão a força necessária para mudar o destino dos homens que se deixaram aprisionar pela automagia negra da falta de conhecimento.

Significado — O Exorcismo, dom do Espírito Santo de expulsar espíritos malignos, é empregado até hoje, inclusive por padres exorcistas católicos (até o Papa) e pastores evangélicos. Está a serviço do ser humano comum; não é preciso estar endemoniado para receber este dom nem o atributo da Misericórdia da Madona Negra.

Nos primórdios da Humanidade, o Ser Humano se confundia com a própria magia. Ele não se diferenciava do Outro, não tinha individualidade, mergulhado numa visão panteísta da realidade. Buscava, portanto, uma proteção à sua precariedade contra energias intrusas que aparentemente não lhes pertenciam. O Exorcismo tornou-se seu grande aliado através da magia dos primeiros Xamãs.

Atualmente, o ser humano não está prisioneiro de uma magia panteísta, mas do medo, do ódio e do ressentimento. Para alcançar a Liberdade — outro atributo da Madona Negra —, terá de exorcizar estes três demônios.

Quem vibra no medo, ódio e ressentimento cria um campo de energia negativa que polariza toda memória de vida passada referente a estes três demônios. Eles são nossos próprios sentimentos e pensamentos e não um ser externo que devemos combater.

Interpretação

Posição correta — Seu coração aberto está pulsando com o coração da Mãe-Terra; você tem poder para expulsar os "demônios" do medo, do ódio e do ressentimento. A força arquetípica do Curador Interno pode ser invocada para polarizar este dom abençoando-o(a) e protegendo-o(a) na difícil tarefa de pôr luz sobre a sombra.

Posição invertida — O que você precisa para ter a totalidade deste dom? Sacrifique o prazer secundário de comportar-se como vítima, livre-se do ressentimento. Pratique o desapego e o perdão, abrindo mão da sua neurose predileta!

Carta 19 - Cura

Descrição — Como no caduceu de Hermes, símbolo da medicina, um ídolo de pedra aparece envolto por uma cobra; vê-se, à direita, uma parte da Terra também envolta. A cobra é o animal de cura, trazendo a força da renovação ao trocar sua pele, simbolizando o renascimento. Dois símbolos redondos e dinâmicos (de transformação) ladeiam este ser, indicando as quatro direções e a universalidade da cura.

Significado — O dom mais invocado ao Espírito Santo, a Cura, acompanha a Humanidade desde os seus primórdios. A primeira grande cura, o despertar da consciência, foi realizada na aurora da humanidade pelo Xamã que, tomado pela força do Arquétipo do Divino, iniciou o despertar do ser humano. Ao trazer o Divino para o ser humano, iniciou sua grande jornada: a saída do corpo da Mãe-Terra (o Éden) e a conquista da consciência. Desde então o homem iniciou sua autocura e entrou em contato com sua precariedade. Percebeu que não é perfeito, mas a Grande Mãe permitiu-lhe descobrir suas inúmeras possibilidades de redenção, tornando-o um autocurador e curador de outros corpos e almas.

Cura pressupõe a ausência de sofrimento e a integridade da saúde, tanto no aspecto físico quanto psíquico. Portanto, a cura necessita da Fé e do Entusiasmo, que nos trazem a certeza confiante de que os receberemos!

Interpretação

Posição correta — Se você olhar para sua precariedade humana, encontrará o Caminho da Cura. A doença (física, psíquica ou espiritual), nos coloca em confronto com nossos limites e não deve ser encarada como "punição", mas como um caminho de redenção. Através da doença você pode se ver face a face com o arquétipo do recém-nascido — o inocente que deve entregar-se aos cuidados do Outro. Nesta postura de humildade, estará em contato com seu Curador Ferido que, por Compaixão, cura todos os males.

Posição invertida – Algo lhe falta para usufruir toda a energia desta carta. Verifique se está enfrentando esta situação com arrogância, negando sua precariedade humana ou mergulhado em autopiedade. Ambos são frutos de sua onipotência ou impotência. Só você pode ser seu próprio Curador, aquele que obtém a cura ao distinguir o desejo da realidade.

Carta 20 – Diplomacia

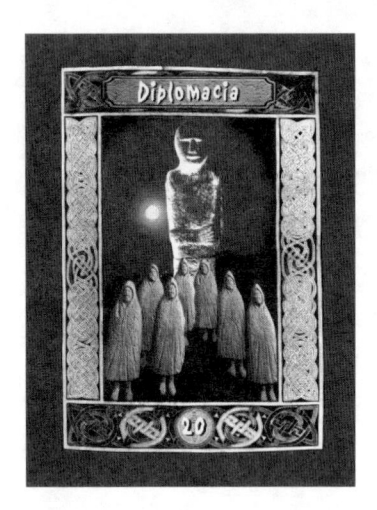

Descrição — O mesmo ser — ídolo de pedra — da carta da Cura é aqui representado em azul, a cor da força da Vontade. À sua frente, um grupo de sete sábios realiza seu trabalho de cura da Mãe-Terra. A Lua azulada traz a força do Inconsciente Coletivo.

Significado — Este dom do Espírito Santo, esquecido no dia a dia, nos lembra que só aquele que se curou da culpa primordial (a culpa de ser imperfeito), através da aceitação de sua precariedade humana, é livre para usar a Sabedoria dos Sete Sábios que regem o nosso destino. Neste ser diplomático, a energia belicosa de Marte, que traz a guerra, se harmonizou com a energia de Vênus que traz a ponderação, criando assim um campo propício à Concórdia, igualmente regida pela Força da Vontade.

Para usar o Dom da Diplomacia, precisamos conhecer muito bem nosso inconsciente profundo. Isto nos permite agir sob o enfoque da Verdade, que dá a dimensão da real Justiça Divina, diferente daquela que serve aos propósitos dos homens. Este conceito é válido para o ontem, para o amanhã e para o aqui/agora.

Ser diplomático é respeitar seus limites e os limites do outro, conhecer seus direitos e os direitos do outro e viver em harmonia e tolerância em relação ao outro.

Interpretação

Posição correta — Com a força da Diplomacia você poderá enxergar a situação como um todo, sem julgamentos e com percepção afiada. Com este dom, você pode orquestrar (jamais manipular!) a situação, transformando a dissonância da discórdia em acordes harmoniosos de Paz. A Diplomacia só é possível àquele que sabe que tudo o que perdemos traz um ganho e tudo o que ganhamos traz uma perda. Até o dia de vida que ganhamos nos leva em direção a morte.

Posição invertida — Saia de suas emoções extremadas! Com tanto amor e ódio no coração você não alcançará o poder pleno da Diplomacia. Serene, você tem este poder. Necessita apenas ter uma visão dos direitos das outras partes através de um coração pacificador e praticante da Força da Vontade.

Carta 21 – Ensinamentos Inspirados

Descrição — Um ser desnudo e transparente, com a consistência apenas de um contorno humano, empunha um bastão primitivo, numa atitude de defesa. Por trás dele vê-se uma figura de pedra sólida e poderosa significando que, sem a ajuda divina, o ser humano nada mais é do que um simples e pretensioso contorno.

Significado — Todos nós que trilhamos o Caminho da Busca nos surpreendemos, em algum momento, pela clareza de pensamentos que nos chega nos momentos em que o Outro necessita de uma palavra sábia. É isto que representa o Dom dos Ensinamentos Inspirados.

A Grande Sabedoria da Humanidade chegou até nós através dos sábios que beberam nesta fonte inesgotável e a puseram à nossa disposição como regra do bem viver. É a Norma do Sagrado, representada pela sólida e poderosa figura de pedra, que dá consistência a nossa precariedade humana.

Ensinamentos Inspirados diferem da Inspiração propriamente dita por que incluem não apenas a visão pessoal do problema, mas sua correlação arquetípica, o que nos traz, conseqüentemente, a grande força de cura que vem do Inconsciente Coletivo.

Interpretação

Posição correta — Você pode apoiar-se no fluxo de sabedoria através do qual os sábios receberam seus grandes ensinamentos e passar a ver este problema de forma mais abrangente. Suas dores, decepções, mágoas são comuns a todos os Seres Humanos. Não estamos sós, nossa precariedade humana, que nos irmana, é sempre protegida pelos Mestres que nos cercam. Você é a prova de que isso é verdadeiro aqui/agora.

Posição invertida — Para abrir seu coração à grande dádiva dos Ensinamentos Inspirados, você precisa perceber qual aspecto do seu Ego está impedindo o fluxo normal deste Dom. Lembre-se: nosso Ego idealizado gosta de tapar nossos ouvidos e fechar nossos olhos para a realidade, por isso esteja atento(a).

Carta 22- Clauriaudiência

Descrição — O ser disforme que representava a Clarividência retorna aqui acentuando um grande ouvido. Um grande ser de pedra — um sábio que apresenta luzes no chacra do Terceiro Olho, no chacra do Coração e no Básico — reafirma que a conquista deste dom deve passar pelo equilíbrio destes três chacras.

Significado — A Clauriaudiência, um misto de Intuição, Clarividência e Ensinamentos Inspirados, vai se distinguir destas por ter uma característica muito especial: ouve-se alguém que nos fala de dentro do nosso cérebro. Daí a necessidade de termos o coração luminoso e as raízes da razão e do sexo bem ancoradas na Mãe-Terra.

Inúmeras vezes — numa "emergência espiritual", por exemplo —, a subida do fogo serpentino do chacra básico para o da coroa, passando pelo chacra frontal (Terceiro Olho) é interpretada como um surto psicótico (ouvir vozes).

O que vai diferenciar a pessoa que possui estes três chacras (básico, cardíaco e frontal) iluminados e equilibrados daquela que possio um perfil psicótico é o fato de manter uma postura sempre consistente e harmoniosa ante os fatos da vida.

Interpretação

Posição correta — Você está apto a ouvir a Voz da Intuição e dos Ensinamentos Inspirados na solução da questão proposta. Volte-se para seu interior e faça a conexão entre estes três chacras. Você está ancorado na Mãe-Terra com a sabedoria do coração, estando apto a distinguir o que se oculta por trás das aparências. As infinitas possibilidades de cura e redenção estão em suas mãos.

Posição invertida — Não confunda a voz do seu desejo com a intuição e nem clichês com Ensinamentos Inspirados. Você corre o risco de sair do domínio da sua consciência e ser invadido por pensamentos da área da imaginação desvairada que, sem controle, o(a) fará criar roteiros irreais e fantasiosos para o problema enfocado.

Bibliografia

ARRIEN, ANGELES. *O caminho quádruplo*. São Paulo: Ágora, 1997.
BEGG, EAN. *Las vírgenes negras*. Martinez Roca, 1984.
CAMPBELL, JOSEPH. *O poder do mito*, vols. IV e VI, São Paulo : Palas Athena, 1992.
_____ *As máscaras de Deus*, vol. 1. São Paulo : Palas Athena, 1992
_____ *Todos os nomes das deusas*. São Paulo : Rosa dos Tempos, 1997.
EISLER, R. *O cálice e a espada*. Rio de Janeiro : Imago, 1989.
ELIADE, M. *Xamanismo, técnicas arcaicas do êstase,* São Paulo : Martins Fontes, 1998.
_____ *Experiência sensorial e experiência mística entre os primitivos*, in Mitos, sonhos e mistérios, cap. V, Lisboa : Edições 70.
FAUR, MIRELLA, *O anuário da Grande Mãe*. São Paulo : Gaia, 1999.
HADES. *Cartas e Destino*. Lisboa : Edições 70.
HARNER, M. *Alucinogenos y chamanismo*. Guadarrama, 1976.
_____ *O caminho do xamã*. São Paulo : Cultrix, 1989
JOHNSON, BUFFIE. Lady of the beasts. São Francisco : Harper & How.

LAMB, B. *O feiticeiro do Alto Amazonas*. Rio de Janeiro : Rocco, 1985.

LEVY, CARMINHA E MACHADO, A. *A sabedoria dos animais*. São Paulo, Ópera Prima, 1995.

LEWIS, IOAN M. *Extase religioso*. São Paulo : Perspectiva, 1977.

LIZOT, JACQUES. *O círculo dos fogos*. São Paulo : Martins Fontes, 1988.

LARSEN, STEPHEN. *The shaman's doorway*. Nova York : Harper & How, 1976.

MONTAL, A. O xamanismo. São Paulo : Martins Fontes, 1984.

NEWMAN, E. *História da origem da consciência*, São Paulo : Cultrix.

PERRY, FOSTER. *Quando um raio atinge um beija-flor*. São Paulo : Ground, 1995.

SHARON, D. *El chaman de los cuatro vientos*. Madrid : Siglo Venturino, 1980.

THOMPSON, WILLIAM IRWIN, *Gaia, uma teoria do conhecimento*. São Paulo : Gaia, 1990.

UYLDERT, MELLIE, *Mãe-Terra*. São Paulo : Pensamento, 1995.

VAN DER LEEW, J.J. *O fogo criador*. São Paulo : Pensamento, 1989.

WILBER, K. *Up from Eden*. Londres : Routledge & Kegan, 1959.

OUTROS TÍTULOS DE SEU INTERESSE:

ARADIA, O EVANGELHO DAS BRUXAS
De Charles L. Leland

Os mistérios da Stregheria, a bruxaria italiana, são aqui revelados. Através da figura de Aradia, a filha de Diana que desce dos céus para redimir e vingar os pobres e oprimidos, muitos aspectos da religião matrifocal primitiva podem ser compreendidos e colocados em prática.

PRAZER EM CONHECER-SE
De Regina Maria Azevedo

Treinamento em Inteligência Emocional. Aprenda a trabalhar suas emoções e reconquiste sua auto-estima. Com exercícios.

REDESCOBRINDO O PRAZER DE VIVER
De Regina Maria Azevedo

Um novo olhar sobre os temas de auto-ajuda. Reflexões sobre auto-estima, família, trabalho e cidadania. Com exercícios.

O CAMINHO DOS VENCEDORES
De Fernando Salazar Bañol

Neste livro, o autor apresenta o Nahualismo Empresarial, sistema motivacional baseado na antiga escola asteca de formação guerreiros e líderes políticos. O método sintetiza um profundo poder de transformação pessoal nos diversos escalões dentro das empresas modernas.

O LIVRO DAS ORAÇÕES MÁGICAS
Do Abade Julio Houssay

O livro reúne poderosas orações recolhidas de manuscritos esotéricos medievais pelo abade francês Julio Houssay. Traz ainda a Magia dos Salmos e uma coleção de Pentáculos Mágicos, poderosos talismãs de proteção, saúde e prosperidade, com suas aplicações.

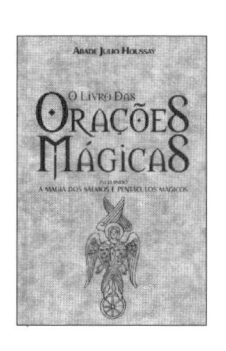

O LIVRO DAS ORAÇÕES MILAGROSAS
De Regina Maria Azevedo

As mais belas orações a Nossa Senhora, a Santos e Santas padroeiros e protetores foram aqui reunidas. Apresenta também orações clássicas, orações a personalidades da devoção brasileira (Padre Cícero, Irmã Dulce, Frei Galvão) e curiosidades como o Santo padroeiro do dia do seu nascimento.

Impresso por

Editora Gráfica Bernardi Ltda

Tel/Fax: (11) 6422-6459 / (11) 6422-7248
E-mail: egbgrafica@globo.com